JN014714

ドムドムの逆襲

39歳まで主婦だった私の「思いやり」経営戦略

ドムドムフードサービス社長
藤崎 忍

ダイヤモンド社

はじめに

皆さんは『ドムドムハンバーガー』というハンバーガーショップをご存じでしょうか。ドムドムハンバーガーは、１９７０年に東京都町田市に第1号店がオープンし、２０２０年に創業50周年を迎えた日本初のハンバーガーチェーンです。最盛期の90年代には国内に４００店舗近く出店していました。もしかしたら子どもの頃に、ご家族やお友達といらっしゃった方もいるかもしれませんね。

現在は直営店が20、ＦＣ店が7の合計27店舗となっています。最盛期の10分の1以下の店舗数となってしまっているのです。「絶滅危惧種」と揶揄《やゆ》されているほどです。

そんなドムドムハンバーガーの社長を、私は18年8月より務めております。

ドムドムハンバーガーは、親会社であるレンブラントホールディングスが17年7月にオレンジフードコートより譲り受けました。会社の存続が危ぶまれる経営状態でした。

私が社長に就任したのは、そんな危機的状況の真っ只中でした。ですが、私はカリスマ再生請負人でも、優秀なビジネスマンでもありません。39歳まで全く就業経験がなかった、短大卒の元専業主婦です。

ある時、家計を支えなければならない状況になり、渋谷のファッションビル、SHIBUYA109のアパレルショップで働き始めました。39歳のおばさんがいきなり10代の子に交ざって働き始めたのです。仕事はとても楽しく、仲間にも恵まれました。商品を提供することで売上を得られる、工夫すれば売上は上がる、そんな原始的なことを学びました。その後、新橋で居酒屋を開業し、お客様に心を尽くし料理に明け暮れていた時、突然ドムドムにお誘いいただきました。最初は顧問契約で商品開発を担当。その後、正式に入社し、たった9か月で社長に就任してしまいました。

「ドムドムの逆襲」は、スタッフとの信頼関係づくりから始まりました。勇ましい本のタイトルに比べたら、控えめなスタートでした。

突然、再生請負人でもない私が社長になり不安を覚えたスタッフは多かったと思います。ですから、第一に信頼関係をつくることから始めました。スタッフがお互いの心を思いやる、風通しがよい職場づくりを推進しました。そして、たとえ嵐が来てもしっかりと踏ん張って倒れない、筋肉質で強い組織にすることを目標にしました。

並行して、固定観念に囚われないチャレンジを重ねていきました。

様々なイベントに出店し、個性的なコラボバーガーを発売したり、アパレルブランドとのコラボ商品を発売したりと積極的に動き始めました。

社内からの反対意見も何のその！　成功を想像して楽しい気持ちで周囲を説得し、実現にこぎつけました。お陰様で想像通り、各イベントで商品は毎度完売！　アパレルとのコラボも大成功を収め、その後も多くの会社から企画をいただいています。

商品開発も同様で、個性的な美味しいハンバーガー『丸ごと‼カニバーガー』の販売に踏み切り大好評。再販売すると倍以上のスピードで売れ続け、販売期間の延長をするほどでした。これらがSNSなどで拡散されると、メディアからの取材も多くなり、店舗の売上が向上し、さらに少しずつイベントやコラボ、新規出店のお誘いが増えていきました。

この経験が「ドムドムの歩みかた」を明確にしました。

2020年はコロナ禍に見舞われてしまいましたが、かえってシンプルに「歩みかた」を実行できた1年でした。

最初はスタッフを守るために取り組み、世間のマスク不足解消にも役立てばと始めたマスク販売が大きな関心を集め、ECサイト開設まで事業を進めることになりました。20年9月には「浅草花やしき店」、21年3月には「市原ぞうの国店」と意味ある出店ができました。

そして皆様のおかげで、21年3月期決算でついに黒字化を実現しました。「ドムドムの逆襲」は新たなフェーズに移り、皆様に応援されて新しい船出を迎えたと思います。本書では、次の50年に向け、私がドムドムを通してやりたいことや伝えたいことを書きたいと思います。それは、私が子どもの頃から現在まで、大切にしてきたことでもあるのです。

ここに至るまでは決して順風満帆ではありませんでした。様々な経験とご縁があって、今があると感じています。ですのでドムドム入社前のお話も書かせていただきました。少し長い話になりますがご容赦ください。

目次

はじめに　002

第1章　政治家の妻として人付き合いを学ぶ

ドムドム社長の原点

商売、人づきあい、原点は下町に　016
家業を手伝うなかで学んだ人付き合いのワザ　018
実家は地元に愛されたお煎餅店　021
ハンドボールに熱中した学生生活　022
キャプテンを任され、リーダーに　023
ハンバーガーショップの思い出　025
小さな頃から続いている料理づくり　026
「家族ディベート会」のおかげで人前で話せるように　027
「女の子は下宿させたくない」から短大へ　029
この先も近くで応援したい、夫との出会い　030

第2章 109の店長となり商売の面白さにハマる

主婦から店長へ

結婚、そして出産 032
政治家の妻として感じた周囲への感謝 033
選挙落選、心筋梗塞、次々と襲いかかる不運 036
「私が働かないと」39歳の決意 037
39歳でギャルの聖地、SHIBUYA109へ 042
働く決め手は自由なファッションへの憧れ 043
店舗改革① 店内を清潔に 045
店舗改革② スタッフを礼儀正しい人に絞る 048
店舗改革③ 時間帯での売上を把握する 050
店舗改革④ 商品のライン・ディスプレーを変える 052
毎日の小さな気づきが売上アップに 055
リアルタイム買付けでロスをなくす 057

第3章

新橋の女将になり人気店をイチから作る

必要なのは〝今〟着る服 058
ショップスタッフがマネキン役に 060
ひょんなことから現れた新アルバイトスタッフ 061
娘のように可愛いスタッフと築いた信頼関係 064
改装してさらに伸びた売上 067
右肩上がりの売上と気になりだした収支 068
頼もしくなってきた息子と私のバタバタな日々 070
さらなる病に倒れ、夢を諦めた夫 073
109との突然の別れ 075
再び無職からサラリーマンの聖地・新橋へ 078
得意の料理と話術で居酒屋アルバイトデビュー 080
お客様との会話から意識し始めた〝起業〟 082

アルバイトから起業へ

事業計画を作り、お金を工面する 083
初めてのお店づくり 084
空と樹で『そらき』 086
難産だった看板メニュー 087
夫の助言で誕生した人気の一皿 088
109時代をともにしたスタッフを呼び、準備完了！ 090
1年経たずに、予約必須の人気店へ 091
予想外の早さで、2店目のオープンの話が舞い込む 094
金融機関を説得するのに必要なのは想像力 096
『そらき-S』と『SORAKI-T』 097
生産性が向上した新システム導入 099
夫との永遠の別れ 101
夫を支えた介護の日々と仕事 102
息子からの忠告 105
予期せぬドムドムへのお誘い 107

第4章

50歳を過ぎての新たな挑戦

ついに
ドムドム
社員に

ドムドムのメニュー開発という〝青天の霹靂〟 110
試作に次ぐ試作の日々 112
『手作り厚焼きたまごバーガー』ついに誕生 115
正式な社員としてドムドムに参加することに 117
新店舗での苦い思い出 120
発注締切を失念する大失敗！ 122
食材のデータをすべて数値化する 124
スーパーバイザーとして東日本を飛び回る 125
各店舗とLINEで交流を持つ 126
閉店に立ち会って感じたこと 130
運命を変えた1本の電話 131

第5章

火中の栗を拾う

ドムドム社長に大抜擢

改善策をしつこく提案する 136
「代表取締役」という予想外の展開 138
社内改革① 社内の風通しを良くして、現場の声をしっかり聞く 140
社内改革② 週4日は各店舗をまわる 142
社内改革③「ドムドムとは何なのか?」を模索する 143
社内は大反対のイベント参加 144
ドムドムが洋服? 初めてのアパレルコラボ 146
ついに誕生!『丸ごと!!カニバーガー』 149
イベント先行販売で成功を確信 152
鍵を握るのは店舗でのオペレーション 154
正式発売で、大ヒット! 155

第6章 愛されるブランドの作り方

ドムドムの逆襲

次々と生まれたユニークなコラボ企画 160
今までの50年、これからの50年 163
スタッフのために作ったマスクを販売したら大ヒット 165
日本一古い遊園地で店舗をオープンした理由 168
象つながりで出店した「市原ぞうの国店」 170
ドムドムネックレス誕生秘話 173
謎多き愛されキャラクター『どむぞうくん』 175
絶滅危惧種を救おうという「顧客体験」 177
お客様の期待を裏切らない店づくり 179

第7章 50年後も愛されたい

ドムドムの未来

これからの〝意義ある〟新店舗展開 184

新橋での新しいチャレンジ『ツリツリ』 185
大公開！　新メニューの作り方 188
SNSは重要な販促ツール 192
アプリで目指すより良い社会づくり 194
社長になってやめたこと、変えたいこと 195
手紙に込めた社員への思い 197
「100店舗を目指す」とはいわない理由 198
コロナ禍でも念願の黒字化を達成 199
豊かさが飽和した社会でやるべきこと 201
50年後も愛されるブランドでありたい 203
私が思う「社長の資質」 205
おわりに 211

第1章

政治家の妻として人付き合いを学ぶ

── ドムドム社長の原点 ──

商売、人づきあい、原点は下町に

ビジネスを学んでいった過程を書いてほしいと編集の方に言われたのですが、私は大学で経営や経済について学んだ経験がありません。子どもの頃から積んだ様々な経験が、その後のビジネスに役立っていると思います。ですから、まずは私の生い立ちから書いていきたいと思います。少し長くなりますが、お付き合いください。

1966年7月、私は東京都墨田区で生まれ、育ちました。住まいは今も変わりません。絵に描いたような下町です。根っからの、筋金入りの下町っ子です。

昭和の下町が子どもにとってどういう環境なのか、現代ではあまりイメージできないかもしれませんね。一例をあげますと、家の前から大通りに出るには、150メートルほどの小さな通り、当時は賑やかだった商店街を通っていました。そこを歩く時は、必ずそれぞれのお店にご挨拶をしてから前を通りなさいと母に躾《しつ》けられていました。

私が学校から帰って来ると「おかえりなさい」と皆さんが声をかけてくれるような、とても人との距離が近い街でした。

生家は、母方の祖父が大正のはじめに千葉から移り住み、煎餅《せんべい》店と不動産業、損害保険の代理店業を創業した場所でもありました。それらの家業に加え、祖父の代から地方政治家をしておりました。多角経営ならぬ多角家業の、仕事に忙しい家庭でした。

家族は、祖父母とその娘である母、そして父、さらに兄２人に私、妹の４人きょうだい。合計８人の大家族です。

今は事務所を別に構える政治家さんが多いと思いますが、当時は家庭内に置くのが普通でした。わが家の場合はそれに加えて不動産業などの事務所・作業場も同じ建物でした。家族の居住スペースの下階に不動産業と保険代理店の事務所と煎餅店があり、店の奥に議員事務所を兼ねた応接間があったのを覚えています。そのため、家族の他に事務所のスタッフさんや従業員の方々など、多くの人が出入りする家で育ったのです。

そんな環境なので、食卓でご近所さんがごく自然にくつろいでいることも珍しくありませんでした。私も慣れたもので「親戚でもないのに、なんでおじちゃんがここにいるのかな?」と思いながら、ご挨拶をしたり、時にはお茶やお菓子を出すこともありました。電話がかかってくれば、「山本でございます。〇〇さま、先日は父がお世話になり、どうもありがとうございました」と失礼がないように応対する。中学生ぐらいでそういうことは当たり前にしていました。

選挙期間中はさらに多くの人がやって来ます。「子どもはあっちへ行っていなさい」と言われることもなく、間近で大人たちのやりとりを見て、必要があれば積極的にお手伝いをしていたのを覚えています。

家業を手伝うなかで学んだ人付き合いのワザ

働く大人たちの姿を間近で見る毎日でしたが、特に一番近しい大人であった母の働く姿が印象に残っています。

主婦業はもちろん、家業もひとつではないうえに、政治家の妻としての仕事もあり、さらに一時は祖母の介護までしていて、毎日とにかく忙しそうにしていました。

夕食だってお客様がいらしていることが多いので、毎日10人分ぐらいは作ります。作るのも大変ですが、洗い物もたくさん出ます。そんな状況なので、自然な流れで私も家事を手伝うようになりました。好き嫌いではなく、全員がそれぞれの仕事を全力でこなさないといろいろなことが回っていかない、そんな環境でした。

でも忙しいのは私たちにとって当たり前のことでした。父と母は、一緒に戦う同志のように仕事をこなしていたのを覚えています。

家族のなかで、戦力の1人として家事や仕事のサポートをしていた、そんな少女時代でした。

私の父はお金を稼ぐことに関しては全く才能がない、政治一筋の人でした。政治家でもお金集めの上手いタイプっていると思うのですが、父はその点は本当に苦手でした。

選挙期間になると、そんな父のために、町内会の方々、当時の私から見たら近所のおじさんおばさんが手弁当で応援に来てくださる。昨今の選挙違反のニュースなどを見て、選挙に対してあまり良いイメージを持っていない方もいらっしゃるかもしれません。でも、私の知る父の選挙は、この人を政治家にしようという純粋な思いの支持者に支えられ、送り出される選挙でした。

そんな支持者の方々を間近で見て、感謝の気持ちが芽生えました。子どもながらもごくごく自然に、その方たちが居心地がよいと感じる空間づくりを心がけるようになったのです。お金ではなく、気持ちで感謝を伝えたいと考えたのだと思います。


そんな状況をきっかけに身につけた、私なりの人付き合いのワザがあります。「一度会った人のことは忘れない」という特技です。

人は誰でも、既知の人なら「○○さん、こんにちは！　先日はありがとうございました」と、名前を呼ばれて話をしたほうが嬉しいと感じるはずです。たくさんの人が頻繁に出入りする環境だからこそ、大人の方々をきちんと認識することで、お互い気持ちよく仕事ができると思ったのです。

このワザは後々とても役に立ちました。現在でも変わらず活用できています。もちろん、人間の記憶ですから、100％ではありません。もしうっかり失念してしまうことがあったらご容赦くださいね。

実家は地元に愛されたお煎餅店

自営業の煎餅店は創業の地で長く営業していたので、地域に根付いた仕事を多くしていました。

地元ではお正月に「隅田川七福神めぐり」という、江戸時代から伝わる賑やかな行事があります。七福神の七つの神社を巡りながら御朱印を集めたり、ご分体を受けて宝船に乗せていったりします。明治の頃には巡拝路が整備され、そこを辿りながら近辺にある史跡巡りも楽しむ人も多い、信仰行事のひとつです。

七福神めぐりの時期には、毎年3種のあられが入った七福神セットを各神社に納品していました。大きな行事なので注文数も多く、作ってパッケージするのがひと仕事です。そのため暮れは毎年きょうだい総出で、あられを詰める作業が恒例でした。

負けん気の強いきょうだいなので「俺はもうこれだけ作った」、「私だってこんなにいっぱい作ったよ」などと、競い合って楽しみながらやっていました。

お正月が来て、七福神あられを手にした笑顔の人々を見るのも、少し誇らしく嬉しかったのを覚えています。

ハンドボールに熱中した学生生活

私は初等部から私立の青山学院に通いました。学校がある表参道は、当時でも流行の先端を行くおしゃれな街。同級生は山の手育ちの子が多く、持ちものも身につけているものも、下町の子とは違い華やかです。お呼ばれしたクラスメイトのお誕生日会も、見たこともないようなゴージャスなもので、ビックリしました。

地元の下町の人情味あふれる暮らしと、学校に行って垣間見る現代的な山の手の暮らしとを、あっちこっちと渡り歩くような環境で10代を過ごしました。

2人の兄も小学校から青山学院に通い、どちらもスポーツが得意で真剣にクラブ活動に参加していました。

5歳上の長兄は青山学院大学では剣道部の主将をやり、のちに監督もやるような人です。二番目の兄はラグビーで高校ジャパン代表に選出され、早稲田大学に入ってキャプテンも務めました。

ちょうど私が高校に入った年に、次兄が早稲田大学に入ったので学内でも話題になっていたのを覚えています。2人の活躍を私も誇りに思っていました。

私は高校に入学してから、スポーツ系の部活が盛んとは言い難い青山学院の中でも、一番しっかりやっていると感じたハンドボール部に入部しました。

全力でスポーツに打ち込むようになると、それまでぼんやり感じていた山の手の同級生たちとの間の壁のようなものがウソのように消え去りました。毎日一緒にハンドボールをやって、初めて本当に仲の良い親友ができたのです。

仲間とどろどろに汗をかいて、身体が動かなくなるまでひとつのことをした経験は、私を体力的に鍛えてくれました。精神的にも一番充実した時間となりました。

キャプテンを任され、リーダーに

仲間ができてハンドボールに夢中になり、やがてキャプテンを任されることになりました。良いチームになるよう努力していましたが、兄たちの背中を見て理想を追い求めるあまり、気持ちが暴走してしまうこともありました。兄たちのように結果を出したいと焦ってしまったのですね。

でも実力的には強豪校には全然かないません。他校との試合で1点も取れずに負けた後に、イライラして仲間たちに当たったり、帰りの電車で不機嫌になり一言も口をきかなくなったりしたこともありました。

また、部活以外のクラスメイトたちにも「部活頑張ってますから」という自意識を隠さず、ちょっと嫌な態度をとってしまっていた時期もありました。

青山学院は生徒も煌《きら》びやかで洗練されています。そんな彼ら、彼女らに負けたくないという思いもあったのかもしれません。

ところがハンドボール部の仲間はそんな私を嫌な顔をせずに受け入れてくれました。カリカリした態度をとっても、輪のなかから放り出されることはなかったのです。ほんとうに優しくて人間がよくできた、素晴らしい仲間たちでした。

そして当時は考えもしなかったことですが、その友情は一生の宝になりました。兄の仲間たちやハンドボール部の仲間たちは、後に私が新橋に居酒屋をオープンしたり、ドムドムハンバーガーの新店舗をオープンした時にも駆けつけて応援してくれたのです。

ハンバーガーショップの思い出

部活帰りの女子高生の楽しみは、昔も今も変わらず〝寄り道〟でしょう。私たちも例にもれず、渋谷の国道246と六本木通りがぶつかるY字にあったウェンディーズに、毎日、本当に毎日、通っていました。

厚めのパティが大手チェーン店より格段に美味しく感じられ、他のメニューも珍しいものが多く、気に入っていました。チョコレート味のソフトクリームのようなフロスティも新鮮で、あとチリ！　ポテトと一緒に食べると美味しくて大好きでした。

そこで部活の反省会や同級生の他愛もない噂話に興じて、女子高生らしい放課後を過ごしていました。

今思うと、その頃のウェンディーズってドムドムハンバーガーとフランチャイズ契約をしていたはずなんですよね。当時は自分が将来、ハンバーガーショップチェーンの社長になるなんて考えたこともなかったので、不思議なご縁を感じています。

小さな頃から続いている料理づくり

部活が忙しくても小さい頃から引き続き、家で料理を作ることは続けていました。この頃になると家庭料理は一通りできていたと思いますね。

高校の選択授業では調理科目をとっていました。ある時の試験のお題がたしか「1時間以内に何か作る」というもの。私、時間が大幅に余るぐらいの手早さで鯖《さば》の味噌煮を作り、余裕でパスしたのを覚えています。

当時はたまの休みになると、兄の友人たちが我が家を溜まり場にしていました。強豪校の運動部なので、地方出身で寮暮らしの子が多かったのです。

そうなると夜中に食べ盛りの体育会系大学生相手に、料理を振る舞ったりもしていました。

もちろんその頃は、将来自分のお店を持つなんて考えもしていませんでしたが、意識せずとも人に料理を振る舞うトレーニングができていたのだと思います。

「家族ディベート会」のおかげで人前で話せるように

きょうだい仲は良く、家族で一緒に話し合う機会もわりとあったと思います。

とりわけ記憶に残っているのは、父親を含めた私たちきょうだいで、しばしば夜空の下で語り合ったことです。母とまだ幼かった妹が寝静まった夜に、バルコニーで、父と兄2人と4人で思い思いに語り合っていました。

隅田川沿いは夏になると盛大な花火大会があります。そのため、付近の建物は川に向かって見晴らしが良いバルコニーを設けている場合が多く、うちのビルも屋上にルーフバルコニーがありました。そこに夏になるとテーブルを出して、誰からともなく集い、話し始めるのです。

なにぶん昔のことなので、どんなやりとりがあったかは詳細には思い出せないのですが、父がそれとなく話題を向けて私たちを喋らせる流れでいろいろなことを話しました。学校であったことのような個人的なことよりも、政治など、社会で何があったかということを話題にしていましたね。テーマに対して自分がどう受け止め、考えているのかを話しました。

父は私たちの話を真剣に聞いてくれて、対等に意見を交わしてくれていました。スポーツへの取り組み方など興味ある分野だと、ずっと喋り続けていたのを覚えています。

家庭でそんな経験をしていたせいか、学校でも自分の意見をはっきり言ってしまい、友人関係が少しギクシャクしてしまうことはありました。でも何度か経験するうちに、自分を偽らずに全て出すとうまくいかない場合があると気がついて、うまくコントロールできるようになりました。

今となっては父がどういう意図でそのような場を設けていたのかはわかりませんが、自分の考えを話すことに抵抗がなくなったのはありがたいことだと実感しています。

屋上での経験が影響しているのかはわかりませんが、現在、きょうだい3人とも人前で話すことが多い職業に就いています。

長兄は墨田区で区長をやらせていただいていますので、区民の皆様の前で話すことが重要な仕事のうちのひとつ。次兄は防衛大学校で教壇に立っているので、もちろん毎日授業などで学生さんたちに話すのが仕事です。そして私は、会社を代表して人前に出ることが多くなりました。

「女の子は下宿させたくない」から短大へ

進路について真剣に考え始める頃、青山学院大学が神奈川県厚木市にキャンパスを移転しました。

私は大学に進学するつもりでしたが「厚木だと家から遠すぎる。女の子には下宿はさせたくないから（表参道にキャンパスがある）短大にしなさい」と両親に言われました。その頃は特に進学先にこだわりもなく、社会に出てバリバリ働きたいという願望もなかったので「早く結婚しちゃえば良いかな」と、そのまま青山学院女子短期大学への内部進学で希望を出しました。

ともに働く両親を間近で見ていて、結婚して彼らのように自営業を営んで、お互い助け合って、一緒に家を切り盛りしたいと思っていたのです。その頃からサラリーマン家庭ではなく、なにか家業を営む家族への憧れがありました。

ゆくゆく結婚して子どもが生まれた時に役立つだろうと、児童教育学科（当時）を志望しました。意外に思われるかもしれませんが、今のように社会に出て仕事をするということは、全く、本当に全く想定していなかったのです。

この先も近くで応援したい、夫との出会い

短大に入学してすぐ、将来夫となる藤崎繁武《しげたけ》（選挙用通称よしのり）と出会いました。彼は当時、国会議員の秘書でしたが、墨田区議選への出馬を決意して、父のところへ出入りしていたのです。

短大の入学祝いに食事会をしてくれて、それをきっかけに交際がスタートしました。12

歳年上だったので、社会経験も豊富でいろいろなお店を知っていて連れて行ってくれました。初めて食べるようなお料理を沢山ご馳走になりました。『瀬里奈』でカニをご馳走してもらった時、お湯の中でカニの身がきれいに広がり、甘くて美味しかったことを良く覚えています。

学生時代から政治家を目指すような真摯な人で、尊敬できる人でもありました。地方分権の重要性を感じていて、政治家として志すものが明確にある人でした。政治、特に地方政治家の日常は実は地道な活動で成り立っていて、決して華やかなものではありません。

やがて私も、一つひとつの活動を誠実にこなす彼を、この先も近くで応援したいと思うようになりました。

短大に入学すると、高等部のハンドボール部からコーチをしてくれと頼まれました。そこで授業が終わると週に3、4回、すぐ前にある高等部まで行って、ハンドボールを教えていました。

その他に彼の紹介で、国会議員の事務所で選挙のお手伝いのアルバイトもしました。

私との結婚を決意してくれていた彼は、選挙を学んで欲しいという希望があったので、アルバイト先としては理想的だったと思います。
そんな感じで短大時代は、学校とハンドボール部とアルバイトに明け暮れていました。夜はアルバイトが終わると彼が迎えに来てくれて、夕飯を食べて家に帰る。そんな毎日でした。

結婚、そして出産

彼は私が短大を卒業した87年に墨田区議会議員に当選しました。私たちの交際は順調に続いていたので、当選後程なく結婚しました。卒業したらすぐに結婚するつもりでしたので、就職活動すらせずに専業主婦となりました。その頃は女性でも大学を卒業すれば普通に就職する時代になっていましたが、私は外で働くということとは全く無縁の世界にいたのです。

当時の私は、就職経験がないまま結婚して社会経験が乏しく、一歩外に出るとわからないことだらけです。夫とはひとまわり年が離れていたので、精神的にもすっかり頼ってしまって、夫に従って尽くすのが美徳、それこそが結婚生活の在り方だと信じていました。常に夫を立てて、彼のために何かができる自分でありたいと意識していました。

今の女性の生き方とは違うと思いますし、現在の私の生き方とも違いますね。

90年にひとり息子の剛暉《こうき》を出産。その後は主婦業、政治家の妻として夫のサポートに加えて育児と、忙しくも充実した日々でした。

息子が成長するにつれて、自分の母校である青山学院に通わせたいという思いが強くなり、幼稚園受験をさせることにしました。私は張り切ってダンボールいっぱいの受験対策資料を用意しました。それを見て、友人は絶句していました。今で言うお受験ママのハシリだったと思います。

政治家の妻として感じた周囲への感謝

どんな政治家でも数年に一度の選挙からは逃れられません。父同様に、夫も数年ごとに選挙に出馬しました。

そこで改めて感じたのは、支援者の方が無条件で応援してくださることへの感謝です。利害関係があっての支援ではなく、この人を政治の世界に送り出そう、政治家にしようと熱心に協力してくださるのです。

夫が朝や夕方、通勤中の区民の方に駅前でビラ配りをしていたら一緒に配ってくださったり、選挙カーを運転してくださったり、本当にいろいろなことをサポートしてくださる。私が支えたいと思っている夫のことを、私以上に一生懸命応援してくださる方々に、感謝の気持ちが芽生えるのは当然ですよね。

そんな時に私ができることは、まずはその方たちがいる空間を心地よいものにすることだと思いました。心を込めて淹《い》れたお茶をお出ししたり、嬉しいと感じていただけるようなお話をしたり、そんな空間づくりが私にできることなのではないかと思ったのです。

少女時代から実践して身につけた経験を活かして、目の前にいる支援者の方のお気持ちを第一に、居心地よく感じられるように心がけました。

主婦時代に外に出て仕事をしたくなかったですか、と聞かれることも少なくありません。思えば当時はダブルインカムなんて言葉も話題になり、社会での女性の活躍もメディアなどで取り上げられていましたね。

でも私は、「夫と一緒に選挙を戦わなければいけない」というような、まず自分の置かれた環境＝家庭の中での課題に対して十二分に力を発揮することこそが重要だと思っていました。支援者の方に尽くしていただいたのなら、それに応じて自分も人に尽くさないといけない。外に出て働くのではなく、まずは自分の課題をひとつずつこなしていくことこそ必要だと感じていたのです。

この時代の私と今の私と、もしかしたら別人のように感じられる方もいるかもしれません。今の私は新しい課題を自ら摘み取ってまわる、能動的なタイプに見えるかもしれません。でも改めて思うと、フィールドが変わっただけで〝与えられた環境に感謝してやるべきことをこなす〟という私のスタイルは変わっていないと思います。

主婦時代の私は「夫がいつか国会議員になると良いな」と思いながら毎日を過ごしてい

て、自分が外で働くことは微塵も考えていませんでした。
ところが、そんな日々が一変する出来事が起こったのです。

選挙落選、心筋梗塞、次々と襲いかかる不運

2005年夏、墨田区議会議員を5期務めた夫が東京都議会議員選挙に立候補しました。満を持して新しいステージへとチャレンジしたのですが、力及ばずに落選。様々なデータを分析したうえで出馬した夫には、当選する自信がありましたし、周囲も私もそれを信じていました。

ところが選挙とは本当にわからないものです。新しい政党の新人さんが1、2か月前にパッと名乗り出て、予想外に票を獲得し当選してしまったのです。選挙の結果を受け、夫婦共々、精神的に落ち込み、本当にきつい思いをしました。それでも夫は、次の選挙に向けて改めて前を向き、政治を諦めない姿勢を見せてくれたのです。

しかし、不運は重なるものですね。ある日、夫は心筋梗塞《こうそく》で倒れてしまったのです。2

週間ＩＣＵへ入院となりました。選挙の疲れや多大なストレスが重なってしまったのも、影響していると思います。真っ青な顔で、胸の痛みと吐き気に堪えきれず、夫自ら「救急車を呼んでくれ……」と訴えました。初めての出来事に、おろおろして手が震え、うまく電話のボタンが押せませんでした。

一命は取り留めましたが、一時は危篤状態に陥り、ＩＣＵに２週間。その後一般病棟に移りましたが、しばらくは安静にして治療に専念することになりました。

「私が働かないと」39歳の決意

不動産業などを営んでいた実家とは違い、当時、我が家の収入は夫の稼ぎに頼りきり。夫が選挙に落ちた＝我が家の収入が途絶えるということです。副業を持たれている方もいますが、一般的に政治家が選挙に落ちて次の選挙を目指して活動を続ける場合は、その間の収入が大幅にダウンあるいはストップしてしまいます。

幸い夫には物心両面の応援をしてくださる方もいたので、リハビリをしながら、政治活動を継続して頑張るつもりでした。

とはいえ、大幅な収入ダウンであることは事実です。問題は私たち家族の生活費など、足りないお金をどう工面するかです。

ましてや選挙費用が借金として残っていました。そして生活費は待ったなしの状態。息子は私学に通っていましたし、夫の治療費もかかります。我が家には貯蓄が潤沢にあるわけではありません。そうなると私が外に働きに出てお金を稼ぐしか手段がなかったのです。悩んでいる暇はありません。すぐに仕事を探し始めました。

私は39年間就職したことがなかった人間です。でもその時は、ごく自然に「夫には夢を追い続けてほしい。私はそれを支えたい。私が働かないと」という思いが湧き起こりました。だれかに頼ろうとは思いませんでした。私が働くという選択肢しか考えられなかったのです。

私はそれまで就職活動もしたことがなかったので、まずは伝手《つて》を頼ってみようと、友人など周りの人たちに「どこか良い就職先があったら紹介してください」と話しました。

すると、初等部からの友人にこんな誘いを受けました。

「母が経営しているＳＨＩＢＵＹＡ１０９のアパレルショップで働かない？」

第 2 章

109の店長となり 商売の面白さにハマる

―― 主婦から店長へ ――

39歳でギャルの聖地、SHIBUYA109へ

109が若い世代に人気のファッションビルだということはもちろん知っていました。しかし実際どんなものなのか雑誌を買って読んでみると、よく知っている昔の109とは全く様変わりしていることがわかりました。

私は率直に「面白そう！」と思ったのです。

渋谷の109（マルキュー）といえば、ある世代以上の方にとってはガングロ・ルーズソックスの象徴的存在ではないでしょうか。その頃は一世を風靡《ふうび》した、いわゆる〝ギャルファッション〟ブームは落ち着いていました。しかし相変わらず流行を発信していて、若い世代のファッションを牽引する存在だったと思います。

05年に始まったファッションショーのイベント『東京ガールズコレクション』では、109からも多くの人気ショップが参加していたようです。ファッションの傾向としてはモノトーンベースで比較的シックなものやガーリーなスタイルが人気を集めていました。相変わらず人気ショップで働くカリスマ店員さんは、テレビや雑誌など、メディアでも注目

の存在でした。

「そんな華やかな場所にアラフォーのおばさんが仲間に入れてもらえるのかな？　できるのかな？」と思うと同時に、ワクワクする気持ちもありました。渋谷は学生時代毎日通った、いわば私にとってホームのような街です。１０９もアウェイではなく、違和感なく通えそうだなと思ったのです。

全く足を踏み入れたことがないファッションの世界でしたが、頭よりも身体を使って働く方が絶対楽しそうだと思いました。決めたら迷いなんてありません。同級生のお誘いに「ぜひ働かせて！」と応えることにしたのです。

働く決め手は自由なファッションへの憧れ

政治家の妻だったので、ファッションではそれほど冒険ができませんでした。後援者の皆様が不快に思わないトラッドなスタイルを夫も好んでいました。基本はスカート。私の好みは二の次でした。

思い返せば高校時代、同級生たちは髪を外巻きにしてサーファースタイルで装うなか、私は1人で髪をツーブロックにしてモノクロファッションという感じ。周囲とはちょっと違った自分の好きな傾向が確実にあったのに……。

雑誌で見た109ファッションの若いお嬢さん方は、髪の色も形も、ネイルまでが色とりどりに彩られ、とても自由できれいでした。ファッションの聖地109にワクワクしたのです。

もしガングロのヤマンバファッションが全盛の頃だったら、私の感覚では理解できず、109にしり込みしたかもしれません。

私が働くことになったアパレルショップは109の6階に位置する10坪ほどの『MANA』という店舗です。友人のお母様であるオーナーからは「あなたが後継者になるのだから頑張ってください。まずは店長ということで、お店のことはお任せするわ」と言われていました。身内の方に跡を継がせようと任せてみたけれど上手くいかなかったので、代わりに私にやらせてみよう、ということのようでした。

そんな経緯でしたので、結果を出せば自分がこのままこの店を運営していけるのだと思い、良い店を目指して頑張って働きました。ありがたいことに売上のノルマや成長目標といったものはなく、自由にやらせてもらえました。

店舗改革① 店内を清潔に

入社初日の05年8月1日にいざ店内に入ってみると、店舗運営にも若い子のファッションにも素人の私ですら、品揃えや店舗の雰囲気が「パッとしないな」と感じる有様でした。109内という立地の良さで売上はそこそこありましたが、まだまだ改良の余地があると感じたのです。

そこで入店初日から、即、気になるところに手を入れていきました。

入社にあたって、まず、メモがわりになんでも書き込んでおこうとノートを一冊用意しました。ページを開いて記入したのは、自分がやるべきこと。このノートは今も私の手元にあります。見返してみると、初めての仕事に対する決意の強さを感じますね。

日付は8月2日。1日に入社して、自分なりにその日に感じたことや問題点を洗い出して、まとめたのだと思います。
ページを開くと以下のように書いてあります。

・店舗の整理
・清掃ルール
・在庫の整理
・商品センターとの連携
・棚等の有効活用

これが一番目に手を付けようと思って洗い出した問題点です。このうち、まずは店内やバックヤードを清掃・整理するところから始めました。整理されていない店で在庫管理なんてできませんよね。

私が入った当初、店内は納品時の段ボールがそのまま売り場の床に置かれていたりして、汚くて整理されていない、居心地の悪い空間でした。109に入っているショップのなかでも、指折りの汚さだと思いました。売り物や棚に埃《ほこり》がかぶっている店では、どんなに頑張って素敵な商品を置いたとしても、誰でも買う気が失せてしまうでしょう。

そこでまずは店内を徹底的にきれいに掃除して、ダンボールなどは処分しました。どうしても移せないものについては生地をかけてお客様の目に触れないようにしました。

試着室のカーテンが、薄汚れた感じで暗い色味だったのが気になり、自分で華やかな色合いの布を買ってきてミシンで縫って掛け替えました。カーテン一枚替えただけなのに、店内が明るくなって雰囲気がガラリと変わり、商品の見栄えも良くなりました。店内の印象を手軽に変えたいのであれば、費用対効果が大きいカーテンの掛け替えをおすすめします。

そのほか、ノートには「ＰＯＰは全て手書きにする」とあります。入社当時のＰＯＰや値札はパソコンで打ち出した活字でした。いろいろ試行錯誤はしていましたが、まだまだ店内が暗めでイマイチな雰囲気だったので、スマートな印象を与える活字のＰＯＰと全然合っていなかったのです。

さらに、活字だと内容が伝わりにくいという問題もありました。そこで思い切って、店内のPOP類はすべて私が手書きしてパウチしたものに付け替えました。手書きだと活字に比べて視線が素通りしない、よりお客様に内容が伝わりやすいものにもなったと思います。

店舗改革② スタッフを礼儀正しい人に絞る

呼ばれて行って挨拶した際に感じたのは、アルバイトの子がいっぱいいるということ。半数程度が外国出身のスタッフで、日本人、韓国人、中国人で計10人という感じでした。

そこで店の規模にスタッフ数を合わせるため、挨拶ができる、勤怠が良好など、人としてきちんとした子を残してスタッフ数を絞りました。新しい店長である私に「なんでこんなおばさんがくるんだろう。こんな人どうでもいいや」という態度を隠さない子もいたのです。特に理由もなく上司に対して失礼な態度をとる時点で、ショップ店員としては失格だろうと思いました。

選ぶ際、国籍は全く判断材料にせず、礼儀正しい人を選びました。結果的に残ったのは日本人1人、韓国人3人、中国人1人です。

まずはこのスタッフをベースに新しい店づくりを始めていきました。

前述のノートには次にこう書いてあります。

・バイトの運用方法
・店長（チーフスタッフ）とよく相談をする
・人数について。曜日ごとの必要人数の把握
・販売ルールを作る

正式には私が店長だったのですが、ここでいう店長とは1人だけいた日本人の子のことです。

必要なスタッフ数を管理するためにはシフト表が必要ですよね。でも私は働いたことがなかったので、この時シフト表というものの存在を知らなかったのです。そこで自分なりに日ごとにこれだけいれば良いかなと思う人数を書き出しました。このお手製シフト表も入社の翌日に作っています。

販売ルールは「声の出し方、接客の方法、在庫出しの方法、掃除」と内容が書いてあります。改めて見直しても、どれもお客様が快適に買い物できる空間づくりのために必要なことです。今振り返って、五里霧中なりに着目点は間違っていなかったのだなと思います。

店舗改革③ 時間帯での売上を把握する

次の日のノートには「シフト、売上」と書いてあります。

実は、入社当日から、自己流で売上をつけ始めていました。

初めて働く私には、ショップ運営に必要な帳簿の付け方もわからないし、レジもエクセルも使えません。レジで時間帯別の売上など様々なデータが出せると思うのですが、もちろんそれも当時はわからなかったのです。

まさに暗中模索のアナログで、一つひとつ計算しながら、売上や純売上、客数、客単価、スタッフ数、売上累計、前年比などを記入してまとめ始めたのです。比較したかったので、私が勤め始める前のデータもまとめました。お恥ずかしいことに、当時は純売上という言葉すら知らなかったと思います。

商売のことがわからないなりに、この時間帯にこの価格帯のものが何個売れたとか、この型番の商品が何着売れたなどを目に見える形で残すようにしたのです。

素人なのになぜこのような記録をつけようと思ったかというと、おそらく在庫を管理するための材料が欲しかったのだと思います。商品の仕入れも私が行っていましたので「このレンジ、価格帯の商品は今の時期◯着は売れるから、売り場に◯着置いておくと十分だろうな」などと活用していました。

ノートを見返してみると、日々細かいところまでいろいろと工夫していたことがわかります。「ベルトの場所は必要ないのでは」と書いてあったりして。売り場にベルトを置いている一角があったのですが、売上に対してそんなにスペースは必要ないのではないかと思っていたんですよね。10坪の店なので、小さいスペースのやりくりも大変です。

そのほか、時間帯売上を見てお昼休憩のやりくりをしたり、イベントや納品などのスケジュールまで考慮してスタッフを増減させたり、いろいろ工夫しています。

今思うとPOSレジのリアルタイム売上管理のようなものを手書きのアナログでやっていたんですよね。見返すと原始的すぎて笑ってしまうのですが、我ながらすごいと思います。

小さな店とはいえ、やがては経営者になるのだからと、できることはなんでも試して書き出していました。

店舗改革④　商品のライン・ディスプレーを変える

私が入社した時は、店の主力商品はTシャツでした。店内に1000円のTシャツがズラーッと何種類も、所狭しと並んでいる状態でした。ディズニーのTシャツもたくさん置いていましたが、うちのお客様は10代の若い子がほとんどで、彼女たちからすると少し高価なんです。1000円のTシャツは手にとってもらえるけれど、4900円のライセンスものはなかなか売れないという状況でした。

売れない商品は、数日店にいればわかります。そんな商品をいつまでも置いておくよりも、限られたスペースは売れる商品に活用したいと思いました。

店に長く置いておくと、白かったTシャツも皆が触って肩のあたりが黄ばんできます。それも見栄えが良くありませんし、売れるはずがありません。合理的ではないなと実感して、そのTシャツをラックごと下げて、私が良いと思う商品を前に出してお客様に提案しようと思ったのです。そうすることで坪効率も変わってくるはずです。

良い案だと思い、すぐに実行しようとオーナーに提案しました。彼女はこだわりが強い人でしたが、諦めずに頑張って許可を勝ち取り、その時売れているものを臨機応変に、目立つ場所に置くようにしました。

合わせてディスプレーも変えました。ネックレスや帽子といったアクセサリーや小物類までトータルコーディネートで提案するようにしたのです。

うちの店は中学や高校生向けのリーズナブルな価格帯の店舗で、平均の客単価が２０００円台後半から３０００円、良い時でも３５００円という感じでした。そのため、２９００円のワンピースを買うとか、３枚で３０００円のTシャツを買うなど、単品（アイテム）買いがほとんどで、コーディネートをセットで買ってくださる方は稀です。ですからディスプレーも小物などを合わせてトータルで見せるということはあまりやってこなかったようでした。

いざ、帽子やアクセサリーを合わせて店先に飾ってみると、売上にも変化が表れました。意外に思われるかもしれませんが、合わせたアクセサリーを一緒に買ってくれるというよりは、もとのアイテム、例えばワンピースを買ってくださるお客様が増えたのです。合わせるものを提案することによって、着用時のイメージや、着こなし法がわかり、より手にとってもらいやすくなったのだと思います。

ファッションなどイメージが大切な商品は、ディスプレーによって売上が全然変わってくるということを実感しました。

また、私のこだわりでＴシャツやキャミソールを並べる時に色の並びをグラデーションで見せるようにしました。もともとドレスショップとして１０９に入った店舗だったので、商品の並びが、白、黒、赤、オレンジというように、各色がコントラスト良く主張している状態だったのです。

私は白から始まって、各色を淡い色など中間色でつないで、最後に黒がくるというような並べ方の方が目に優しくて好きでした。絶対その方が良いはずと、早々に変えてしまいました。

そうすると週1回店をチェックに来るオーナーが、必ず自分流の並べ方に直して帰られます。もちろん、私は彼女が帰った後に、すぐさま元に戻していました（笑）。

色の並び方を変えるだけでしたが、これも売上アップにつながりました。「この並べ方をして売上がこれくらいアップしました」と、オーナーがいらっしゃるたびに数字を比較して報告していたら、やがてオーナーは店に来なくなってしまいました。

毎日の小さな気づきが売上アップに

入社後すぐは、経験がないなりに気になる点を改良していきました。次第に努力が数字に表れてくるのですが「売上が上がったからこれが正解！　このままで良いかな」ということにはなりません。毎日店舗に立って夢中で働いていると、どんどん売上アップのヒントに気がつくものです。

例えば、最初はアイテムの色並びが気になっていましたが、その点が解決すると、あちらのショップではこんな商品を扱っている、TVで人気の芸能人がこんなアイテムを身につけていたと、流行や話題性を参考に、新アイテム提案のアイデアが浮かんできます。

また、修学旅行の子が東京にやって来るシーズンにこういう商品を出して置いたら売れそうだなんてことも思います。そんな感じで、日々、新しいことに気づいていくものです。

ショップ運営に大事なのは、このポイントだけ気をつけていたら売上がアップするということではなく、営業全般のことを常に意識することだと思います。そうすると日々、小さなことに気がつき、その気づきを積み重ねていけばやがて大きな結果に結びつくのだと思います。

運営については最初はいろいろとオーナーにチェックされていましたが、好みの違いはあれど売上を伸ばすのは共通の目標です。結果を出し続けるうちに信用され、「売れるのであれば、任せるわ」と自由にやらせてもらえるようになりました。

1年後には専務に就任しました。と言っても、仕事の内容は変わらず、店長として店舗運営を取り仕切る毎日でした。

リアルタイム買付けでロスをなくす

店は完全にセレクトショップで自社での商品デザインは行っておらず、買付けは私が担当していました。私は店にも立っていたので、朝、車で通勤する時に馬喰横山《ばくろよこやま》あたりの問屋街に立ち寄っていました。懇意にしている問屋さんがあって、最初はそこでおすすめされるままに買っていたのですが、売れ筋がわかってくると自分で考えて買付けるようになりました。

ウェア類はだいたい、デザイン1パターンにつき3〜5色ぐらい用意されています。それを各6着買うとします。そして朝寄って仕入れたものを、その日のお昼には店頭に並べて、マネキンにも着せて前面で展開します。そうすると夜までに5色のうち白は完売したけれど、黒は5枚、赤は3枚残っている、というように動向が見えてきます。売れ行きの割合も出るので、それを参考にその日のうちか、翌朝にまた買付けに行きます。このやり方ならロスがなくて、効率が良かったのです。

売れ筋の商品だと店に出した瞬間から手にとってもらえて、みるみるうちに全部売れてしまう。そんな感じで勢いがある商品は、問屋さんに電話して即、追加の商品を押さえてもらいました。店に立ってリアルタイムでお客様の動向を捉え、買付けに活かしました。

必要なのは〝今〟着る服

そのような感じで買付けを繰り返すたびに売れるものがわかってきます。経験が蓄積して、売上となって成果が見えてきます。

入社して数年後には、ファッションは新鮮味が大事で、それがなくなってしまうと売れなくなるということを理解しました。10代の子にとって必要なのは〝今〟着る服で、10年、20年着る飽きのこない定番アイテムではありません。新鮮味がないとマイナスの印象で受け止められてしまう――その点では、その後に携わった飲食業と同じです。

慣れてくると買付け時の視点も変わってきました。次のシーズンの人気アイテムがわかるようになり、それを活かせるようになりました。

やはり流行を決めるのは、ニューヨークやパリのコレクション。そこで話題になったもの、例えば小花柄のファッションが人気を集めたとしたら、それが1年半後に街中で流行ります。アパレル業界全体が小花柄だらけになります。カンカン帽やフレアのワンピースなんかもかなり流行ったのを覚えています。

売上が伸びてくると、1アイテムにつきだいたい60、70枚売れるようになりました。そうなると売れ筋を読み間違えた時のロスが大きくなります。でも、失敗することは稀でしたね。それまで培ってきた経験とデータを参考にして、これは何枚売れるというのがわかるようになっていたのです。

例えば、入荷初日に10枚売れて「これはイケる！」と確信した商品がありました。ファッションは新鮮さが命です。即、中国で生産してもらうよう商談して、契約しました。そして1か月後に無事再入荷して、結果的に1000枚売り上げたのです。

競争激しい109のなかでも人気を集め売上も増加すると、お付き合いする問屋さんも

10社以上になり、私の視野も扱う商品の幅も広がりました。千駄ヶ谷のメーカーさんとも付き合うようになったり、ＯＥＭの話をいただいたりと、ショップとしてもワンランク上のステージに上がっていくのを感じるようになりました。

その頃になると、雑誌のスタイリストさんが撮影用のアイテムを借りに来るようにもなりました。当時は今ほどネットの情報が充実していなかったので、ファッション誌は流行を知る重要な手段です。雑誌に掲載されることでさらなる売上アップや、ショップのステイタス向上にもつながったと思います。

小さいメーカーさんからは「来シーズンはどのアイテムが売れますか」とサンプルを出されて相談されることもありました。私も「このデザインが良いと思いますよ」とアドバイス。結果、そのアイテムが大幅に増産されたりしました。

ショップスタッフがマネキン役に

私は絵を描いてファッションデザインをするわけではありません。提案されたり、問屋さんに並んでいるものを選んで売るのが仕事です。そのため自分で「これが売れる！」と思って選んだ商品が売れると喜びもひとしお。肩紐がついたベアトップのマキシワンピは特によく売れた商品のひとつです。

花柄が可愛くて、ぜひ着用しているところをお客様に見てもらおうと、似合うスタッフに着せてショップに立ってもらいました。すると店頭に立ったその瞬間から、驚くほど勢いよく売れ始めたのです。

そんな感じでスタッフに「この子はこれが似合いそう！」と閃いた商品を着用させて、接客してもらったりしていました。歳が離れた私に「似合うから着てみて」と言われて、素直に着てくれる良い子ばかりでした。お互いに信頼し合う良い関係が築けていたと思います。

ひょんなことから現れた新アルバイトスタッフ

在籍していたスタッフは皆10代の子で、1日だいたい7～8人のシフトで回していました。当初より人数も増えていましたが、なかには面白い経緯で入社した子もいました。

ある日、高校1、2年くらいの子が買い物に来ました。Tシャツを買おうと、私がいたレジに持って来たのです。値札を確認して、私が「〇円です」と言ったら「え？」と大変驚かれました。

聞いてみると、その時シフトインしていた中国人のスタッフを指して「あの人は〇%オフで〇円になるって言ったよ。違うじゃない」とのこと。それを訴える態度が乱暴で、私も動揺して「え、ちょっと待って」となり、そのスタッフに「そう言ったの？」と確認しました。

スタッフは素直に「言ってしまいました」と認めてしまったのです。それでも案内が間違っていただけで、正規の値段は私が示した金額です。私は怯まず「正しい値段はこっちなので、本当にごめんなさいね。失礼しちゃってごめんね」と謝りました。

案の定、「え〜」と、なかなか納得してくれる様子がなくて……。するとスタッフの子が、自分から「じゃあ、私がその差額を払います」と申し出てしまいました。私の入社時から働いてくれていた、仕事ぶりもしっかりした子だったのです。

もちろん私は「そんなことはしなくていい」と言いました。「正規の値段は○円なのだから、そこはきちんと正しいことをしないと、お仕事としてはダメなのよ」と諭したのです。そして最終的には正規の金額を払ってもらいました。


精算したあとに意外なことが起こりました。その高校生の子が「ねえ、ここバイト募集してないの？」と言ったのです。ビックリして反射的に私も「え、してるけど。ちゃんと口のきけない子は無理よ」と返してしまいました。

でもその子はそこで引き下がらずに「そんなことありません。私ちゃんと話せます」と主張したのです。

そんな流れでアルバイトが決まり、働いてもらうことになりました。熱意を持って働き、性格も良い子でした。その子も、もう30歳になりますが、今でもすごく仲良しです。

良いことは評価して、悪いことは正す。そんな態度が皆にとってもお母さんみたいな感じで心地よかったのかもしれないなと思っています。

娘のように可愛いスタッフと築いた信頼関係

スタッフの子たちとは毎月1回は皆でご飯を食べに行って、その後プリクラを撮ったりして仲良く過ごしました。私1人だけ歳が違うのですが、お母さんのような存在だったのかもしれません。皆気負わずに、恋バナを延々と喋ったり、悩みなんかを真剣に相談したり、楽しい時間でしたね。

彼女たちとは年齢だけでなく様々なギャップがあって、考えさせられたり、刺激的で楽しかったり、私の世界も広がりました。

例えば〝1日3食、お母さんが作ってくれた料理を食べる〟という環境は、決して当たり前のことではなくて、世のなかにはジャンクフードやお菓子で食事をすませてしまう家庭もあるということを知りました。

皆、派手にネイルしているし、髪の毛も白かったり、紫色だったり、ドレッドだったり、自由に装っていて、それまで身近にいなかったタイプ。とても新鮮でした。でも派手な見た目に反して、中身は至極真っ当な子たちばかりでした。仕事はきちんと責任を持ってや

109のショップのメンバーと撮ったプリクラ

り遂げていました。遅刻もしません。もしすれば私がものすごく怒るからですけどね（笑）。

私が、私立の学校を出て、私立に通う息子を育ててきた母親として持っていた〝人はこうあるべき〟という概念は、ことごとく彼女たちによって壊されました。そのうえで、お互いに心を通わせて、信頼しあって、成長していきました。

おそらく私がこの視点を学んでいなければ、その後、居酒屋もできなかったと思うし、今現在もなかったと思います。狭い世界で凝り固まった感覚を消し去ってくれたあの頃があったからこそ、今の仕事ができているのだと思います。

ドムドムで柔軟にいろいろなことにチャレンジできる「今」のベースは、あの頃に培ったものだと思っています。

改装してさらに伸びた売上

入社して3年ほど経った時、やっと店舗の改装に着手することができました。入社以来、薄汚れて古臭い店内がずっと気になっていたので、決まった時はすごく張り切ってしまいました。

わずか10坪の店の改装にもかかわらず、3社にお声がけしてコンペをやってしまいました。今の会社で新店を出す際でも2、3社にしかお声がけしないのに、です。思い返してみて、図々しさに気恥ずかしくなってしまいます。

もちろん、請負金額もたいした額になりません。我ながら、それぐらい力が入っていたのだと感心しています。

そこで決定したのが、その後もお付き合いさせていただいている設計会社さん。夫の親友が経営する美容室の内装を担当されていて、それが素敵だったのでお声がけしたのがきっかけです。壁紙や照明、棚などの什器《じゅうき》、ショッパーなどもすべて私の好みに変えて、109に相応《ふさわ》しい、〝今っぽい〟きれいで素敵なショップになりました。

ファッション販売にとって店舗デザインはすごく大事で、良し悪しが売上に直結します。店舗のデザインが『ＭＡＮＡ』の未来を左右する勝負に関わってくるのです。

おかげさまでリニューアルは好評で、お客様も増え、店がさらに賑わいました。その結果、改装前に1億2700万円だった年商が、改装後の年には1億7000万円に伸びたのです。

右肩上がりの売上と気になりだした収支

109は当時、日本中の10代の女の子が憧れるファッションの聖地でした。もちろん、売上を維持できずに去ってしまう店も多く、テナントの入れ替わりは激しかったのです。意外に思われるかもしれませんが、実はテナント料はそれほど高くありませんでした。固定賃料は坪単価で決まっていて、それにプラスして売上に応じた歩合賃料が加算されていく仕組みでした。割合は6％程だったと思います。

ただ売上に対して歩合の割合が小さくはないので、例えば、月売上がうちの店の最低ラインの１２００万円の時だと、会社に残るお金は自ずと少なくなり、厳しい状態です。反面、２０００万円以上売る月を見ると、テナント料は高いとは言えません。

そういった意味で、最低、月々１４００万円売ることを目標としました。


店舗の売上を伸ばすことは常に意識していましたが、会社の経営という意味では、私自身はそこまでプランを持っていたわけではありません。

でも手応えを感じてくるとどうしても、家族経営の中小企業にありがちな大雑把な資金管理が目についてくるようになります。そうなるとこの会社はいくら使って、いくら残っているのか、そういった数字がまるで見えてこないことに不安を覚えたのです。


そこで自分で会社の収支を計算して表にまとめるようになりました。以前と違いＰＣは使えましたが、相変わらずエクセルは使えません。今、表を見返すと、パッと見エクセルで作成した収支管理表です。でも実は、自動計算ではなく全部自分で計算して、１個１個入力していました。ハイテクを装ったアナログなんです（笑）。

まとめてみると、会社のお金の流れが見えてきました。そこで、営業外出費も、経費として計上されていることがわかって、会社の運営方法に疑問を感じるようになりました。

年商は、入社した年に1億円だったものが、1年後に1億2400万円、その次に1億2700万円になって、次が1億7000万円。私が責任者として運営した最後の年が1億9000万円と、毎年順調に伸びていきました。競争の激しい109のなかでも売上坪効率がトップ10に度々入り、109から優秀店表彰も数回いただきました。

頼もしくなってきた息子と私のバタバタな日々

109に勤めていた期間、私は朝8時ぐらいから夜10時ぐらいまで、休みなく出勤していました。1日も休んだ記憶がありません。毎日勤務することは誰に言われたわけでもなく、自分で決めたことでした。たぶん、休むのが不安だったのだと思います。

愛用のノートにも「売上がイマイチ。連休が終わり少々気が抜けた。次の連休に向け、気合を入れろ」というような書き込みがあって、休んだら終わりというような、強迫観念が常に心のなかにあったようです。

そんな〝休めない私〟でしたが、家族のサポートも受けて、なんとか仕事と主婦業を両立できていました。

勤め始めた当初、息子はまだ中学3年生で、真剣にスポーツに打ち込む毎日でした。私は朝起きて朝ごはんを作り、お弁当を持たせて送り出し、夜は夕飯を作っていました。と言ってもしばしば仕事で遅くなり、そんな時は実家に連絡して息子に夕飯を食べさせてもらっていました。

その頃、息子は週のうち2日は学校のラグビー部、4〜5日はクラブチームで野球をやるような日々で忙しそうにしていました。

そんななか私の手伝いも積極的にしてくれました。実家のマンションを倉庫にしていたので、スポーツマンで力がある息子にお正月の初売りの時など、大量の商品を運んでもらいました。初売りでごった返す１０９は、スタッフが休憩に出ることもままならず、お弁当を搬入してもらったり、フットワーク良く働いてもらっていました。

この頃の私たち親子がどれぐらい忙しかったか、象徴的なエピソードをひとつご紹介します。

息子はユニフォームなど部活関係のウェア類は自分で洗濯していたのですが、ある晩私に「洗濯機回しておいたけど、今日は疲れたからもう寝たい。お母さん、干すのだけやっておいてもらえる？」と先に寝てしまいました。

「わかったわかった」と請け合った私も、息子に負けず劣らず疲れていたらしく、スヤスヤと寝落ちしてしまって……。

朝起きて2人で「ギャー！」っとなりました。息子が「グシャグシャで半乾きのユニフォームなんて友達に笑われる！」と困り果てていたので、私はすかさず「じゃあこれ持って行きなさい！」とハンガーを渡しました。それを受け取った息子は、授業中にハンガーで干して乾かし、無事サッパリしたウェアで部活ができたそうです。

登校する息子に濡れたウェアとハンガーを渡す母と、受け取って教室に干す息子。息のあった良いコンビだと思いませんか？

さらなる病に倒れ、夢を諦めた夫

夫は徐々に回復し、09年夏の都議選で、再起を懸けようと選挙運動を本格化させていました。

その日私は仕事で外出していました。町会の温泉旅行に行った夫から「帰ったよ」と電話があったのですが、呂律《ろれつ》が回っていなかったのです。おかしいと思い、急いで帰宅して一緒に病院に行きました。診断の結果、軽い脳梗塞で即入院となりましたが、夫には選挙に出るという強い決意があって、先生と相談して数日後に退院することを決めました。その時点ではそこまで深刻な病状ではなかったのです。

でも数日後、退院してからの食事について栄養士さんに指導を受けている時に、夫が突然、フラ～ッと私の方へもたれかかってきて、そのまま倒れてしまったのです。手足も動かず、口もきけず、身体中に麻痺が起こっている状況でした。再び脳梗塞に襲われたのです。

結果、左半身が不自由になりました。

その後半年間入院した後に、自宅でのリハビリ生活に入りました。都議選は諦めざるを得ない状態になってしまったのです。

私の仕事に夫の介護が加わりました。まずは手すりをつけるなど、家のなかをバリアフリー仕様にリフォームしました。大事なのは毎日の生活をどうするかです。公的支援制度を利用して、ケアマネージャーさんに相談し、訪問介護のヘルパーさんに来てもらいました。

夫の麻痺は左半身だけで、右手は使えて食事はできたのですが、つえがなくては歩行が困難な上、左手は麻痺していました。配膳など、両手が必要になる作業ができません。そこで朝食は私が介助して、昼食時間と夕食時間の2回、訪問介護に来てもらうようにしました。

夫は糖尿病の持病もあったので、食事の管理が大変でした。ヘルパーさんには朝「今日は○○を食べさせてください」「○○を買っておいてください」と、その日にお願いしたいことをノートに書き出して伝え、チームワーク良く介護していただくことに努めました。

109との突然の別れ

長く働くつもりで入社して、充実したショップ運営の日々を送っていましたが、10年9月末、予想外のタイミングで終わりを迎えました。オーナーの経営方針が変わったことがきっかけです。当初より経営状態が良くなり将来の道筋が見えてきたため、ご自身の血縁者に継がせたいと思われたようです。

夫の入院中も、見舞い後には毎日ショップに行っていたぐらい仕事を愛していたので、とても残念に感じました。でも雇われ店長（専務）の私としては辞めるしかありません。

このことを残念に感じた時期もありましたが、いま思い返してみると、彼女たちが誘ってくださらなければ今の私はなかったのです。とても感謝しています。

第3章

新橋の女将になり
人気店をイチから作る

―― アルバイトから起業へ ――

再び無職からサラリーマンの聖地・新橋へ

私は再び無職になりました。ご存じのように我が家には借金こそあれ、働かずに暮らせるような貯蓄はありません。専務職として働いていたため雇用保険に加入しておらず、失業手当も出なかったのです。フラフラしている暇はありませんので、次の仕事を探しました。

前職を辞めると同時に、いつか１０９で自分のお店を持ちたいという新たな目標ができました。店を離れて改めて感じたのは、店舗運営の面白さや、それがどれほど自分に合っていたかということ。スタッフにも「いつかお店を始めたら、声をかけるからまた一緒に働こうね」と約束しました。お店を持つにはまずは資金づくりです。そんな夢への第一歩として、新たな仕事を探したいというのもありました。

そうはいっても当時の私は5年ほどアパレルショップで働いただけの、40代の主婦です。私に何ができるだろうかと考えて、手っ取り早く自分の得意なこと＝料理が活かせる、飲食のアルバイトをしようと思いました。子どもの頃から専業主婦であった数年前まで、料理を作って人に振る舞う日常だったのですから。

とは言っても飲食業界に伝手などない状態でした。職探し1日目に「賑やかで商売が盛ん、社会人が多くて治安が比較的良さそうな街」という理由でとりあえず新橋駅に降りてみたのです。

駅構内のラックにあったアルバイト情報誌を手に取り、喫茶店に入って読み始めました。気になる会社に○をつけて、「じゃあここにしよう！」と1軒目に行ったのが、ニュー新橋ビルの地下1階にある居酒屋さん。和食中心の居酒屋さんなら、本格イタリア料理店などとは違い、私が今まで作ってきた料理の応用でできるはずと思ったからです。

ありがたいことに私の料理経験を買ってくれ、店主の方に「時給も募集告知より上げてあげるから、今日から働かない？」と言っていただいて、私も「わかりました。働きます！」と即答。トントン拍子に採用が決まり、本当にその日から働き始めました。16～24時勤務で、時給は１２００円でした。

得意の料理と話術で居酒屋アルバイトデビュー

その日から、夜の時間帯の厨房全般を担当するスタッフとして働き始めました。お店の規模としては12、3坪ほどで20席弱。夜の部を担当するスタッフはカウンター内で接客をしながら調理する私と、フロア担当が1人の小さな店でした。

引き継ぎは特になく、突然自分で全メニューを作らなくてはいけない状況に戸惑いましたが、昼の厨房を担当する方にそれぞれのレシピを教えていただきました。メニューのラインナップは天ぷらセットなどで、難しいものではありませんでした。

私にとって、いろいろな人と交流するのも、料理を振る舞うのも子どもの頃からごく当たり前に身につけてきたこと。すぐに慣れて、楽しくお仕事できるようになりました。普通のアルバイトでしたので、１０９時代のように何か自分で工夫して変えていくというようなことはありませんでした。ママと呼ばれて、にこやかにお客様と会話し、お料理をお出しする毎日でした。

ただのアルバイトとして過ごす毎日でも、１０９時代のように売上が上がってくると面白くて、さらに頑張ってしまうようになりました。

沢山注文していただくように、お皿が空くとそれとなくオススメのメニューの話を向けたり、再来店に結びつくよう居心地よく過ごしていただける工夫をしたり。

でも、どんなに頑張って売上を上げても、私のアルバイト料には比例しません。それなのに「自分がやると結果が出るんだ。だったらどんどん上げていきたいな」と思ってしまったのです。１０９の時と同じ心理です。

次第に私に常連客がついて、カウンターに座る方が目に見えて増えてきたのです。

そして勤め始めて5か月目の11年2月、予想外の早さで私のアルバイト生活は終わることになりました。同じフロアの斜め前スペースに空きが出て、テナントを募集し始めたのです。

お客様との会話から意識し始めた〝起業〟

とは言っても、この業界5か月目の私に大それた発想はありません。自分のお店を持つことを意識し始めたのは、常連のお客様とのこんな会話がきっかけでした。

お客様「忍ちゃん、これだけお客さんが来るんだから、自分でやってみたら？ちょうど斜め前が空いたから、そこでやってみたらどうかな」
私「そんなこと無理ですよ。資金もありませんし」
お客様「じゃあ、私が投資して、お店準備してあげるから。やってみたらいいよ」

こんな軽い感じで勧めてくださったのです。この方とは純粋に居酒屋のママと常連さんの関係で、このお申し出も下心などは一切感じられませんでした。

そうお誘いを受けて、自分でも「できるのかな」と一瞬思ったのです。居酒屋で働き始めたばかりの私に、特段の縁も利害関係もない方が、お金を出してまで私にお店をやってはどうかと勧めてくださったのです。それだけ私のことを認めてくださったということ。

少しだけ自分のなかで、自信が芽生えました。

ただ支援を受けてお店を持つと、男性と女性ですから世間から誤解される可能性があります。だったら自力でお店を開業したいと思うようになったのです。

事業計画を作り、お金を工面する

お店を持つことを決意してからが自分でも早かったと思います。2月にはもうアルバイトを辞めていました。

まずは開店資金を準備するために融資を受けないと、何も始められません。東京信用保証協会と地元の金融機関と、国民生活金融公庫（当時）、これらに事業計画を作って持って行き、交渉しました。事業計画を作成するのはもちろん初めてで、本やネットで情報を集め、アパレル関係の会社を経営する叔父に相談したりして、なんとか作成しました。

一日5万6000円の売上を5年間継続し、借金を返済しますという内容の計画書を提出したのですが、必要金額満額は融資していただけないため、先方に「開業資金はありますか？」と確認されました。今思ってもラッキーだったのですが、ちょうどそのタイミングで、会社都合での退職に当たり失業保険程度のまとまった金額が支払われていたのです。そこで通帳を見せて「開業資金、頭金はあります！」とアピールしました。

そんな運と努力の結果で、１２００万円の借り入れが決まりました。いよいよお店の開業が現実味を帯びてきたのです。

初めてのお店づくり

いざ実際に店づくりのために動き始めると、たとえ5か月といえども、居酒屋でアルバイトした経験が活きてきました。お皿が何枚必要か、ドリンクメニューは何種類ぐらいあれば良いのか、売上がいくらあれば何人のスタッフで回せるかなど、すんなりとイメージできたのです。

もちろんすでに事業計画に記載していたことでしたので、速やかに行動に移すことができました。融資が3月頭に決定し、すぐに動き始めました。

お店の内装デザインは、１０９でリニューアルの時にご協力いただいた方にお願いしました。

新橋は飲み屋さんが多いうえ、似たような造りの店が多いので、個性的な店にしても良いのではないかとデザイナーさんに提案しました。その結果、路地のような地下通路とお店とが地続きのように感じられる、人のざわめきが心地よくて立ち寄りやすい、開放感あるデザインにしていただきました。壁や扉はなくて、通路との境界線上に、作り付けで板を等間隔にあしらっています。

私にとっては、初めての自分のお店。食器や水差し、椅子やテーブルなどもこだわって選びました。ただ、自分がオーナーとなるとお金の管理も私です。常に予算を考えながらの作業だったのは、１０９時代とは違うところでした。

空と樹で『そらき』

3月22日の大安に店舗の賃貸契約を行いました。融資が決まってから数週間経っていたので、その時点ではすでに店舗設計や小物の用意など準備を始めていました。

店名は『そらき』とつけました。漢字で書くと、見上げる「空」と樹木の「樹」です。私はもともと自然に心を奪われるというタイプではなかったのですが、40歳を過ぎて自然を感じられる歴史的なある場所に行った時に、空を見上げて「この空は歴史上の人物も見た空なんだな。海外に住む妹にもつながる空なんだな」と実感したのです。

そしてまた樹にも「この場所を何百年も見守っている樹は、もしかしたら歴史上の人物も触れたかもしれない」と思いを巡らせました。樹が大地に根を張って生きていることにも「命ってすごいな」と思ったのです。

空と樹の素晴らしさに感銘を受けて名前を決めましたが、漢字だと画数も多いし、女性のお店なので平仮名の優しい雰囲気がしっくりくると思いました。店の屋号は母に字を書いてもらい、それを元にデザインしていただきました。「そ」の左上のチョンとなっているところがハートのような桜の花びらになっていて、とても気に入っています。

難産だった看板メニュー

居酒屋にとってメニューはお酒とともに、お店の重要な要素です。グランドメニューについては決定まで試行錯誤の連続でした。今まで私が作っていたものは、どんなに味に自信があったとしても家庭料理です。居酒屋のメニューとして、これが正解なのかどうか、かなり悩んで試作を繰り返しました。

例えば得意料理のたまご焼きですが、お店でお酒と一緒に出すのであれば、自分が作っていたものから、さらに見栄え良く、つまみやすく形を変えた方が良いと思いました。プリプリ感や、出汁《だし》巻っぽい旨味を感じさせるたまご焼きにしたいと思い、味が決まるまでいろいろなレシピを参考にしました。その甲斐あってたまご焼きは『そらき』の看板メニューのひとつとなりました。

そのほか、煮込みハンバーグや豚の西京焼き、ポテトサラダなども、家庭で作るのであれば経験とカンで目分量でも作ることができますが、お客様に召し上がっていただくからには〝店の味〟として安定したものをお出ししなければなりません。そのため、いつ、誰が作っても『そらき』の味となるよう、全てのメニューをレシピ化しました。

メニュー決めで試作をたくさんして感じたのが、料理の腕が鈍っているということ。109時代は忙しい時期が続いて、朝ごはんぐらいしか作らなくなってしまっていましたし、バイトしていた居酒屋さんのメニューは簡単なものばかりでしたので、カンを取り戻すまで少し時間がかかりました。3～5月にかけてはキッチンに入り浸ってお料理を作る日々でした。お客様に「また来たい」と思ってもらえるような美味しい料理でなければ意味がありません。一品たりとも手を抜かず、心を込めて作りました。

夫の助言で誕生した人気の一皿

まだ店の厨房が完成していない頃、毎日家のキッチンで試作する私に、夫がこう言いました。

「新橋の居酒屋で出すなら絶対赤ウインナーだよ！　絶対俺たちの世代の男は赤ウインナーなんだよ。小さい頃に好きだった味なのに、家では食べさせてもらえないし」

それを聞いて私は「なるほど！」と思いました。確かに赤ウインナーは万人に愛される味です。新橋で働いた帰りに居酒屋に寄る世代の方は、最近食べる機会が減っているはずです。その日から夫とともに赤ウインナーの研究です。『そらき』に合う赤ウインナーはどこのメーカーのものか、切れ目の数はいくつ入れるのが一番美味しいのか、雰囲気が良いのかと試食と試作を繰り返しました。

結局切れ目の数は10本に決定しました。でも、いざ開店して、お店のスタッフののりちゃん（新村法子さん）と一緒に作っている時、彼女に「これ9本じゃない？」と言われてしまいました。目をしばしばさせて1、2、3……と10本数えながら「本当にめんどくさい。誰が10本に決めたんだ」って2人で笑ってしまいました。

109時代をともにしたスタッフを呼び、準備完了！

オープン当初のスタッフは私と、109時代から一緒だったスタッフののりちゃんの2人でした。

のりちゃんは私がアルバイトしていた店にも何度も飲みに来てくれていました。ずっと「109でお店を絶対オープンさせるからね。その時は絶対呼ぶからね」と約束していたのですが、いざ呼ばれてみると、ギャルの聖地ならぬサラリーマンの聖地です。本人もびっくりしたと思います。

彼女は109は辞めて他のアパレルショップに務めていたのですが、声をかけると全く違う業種にもかかわらず駆けつけてくれました。

109時代から2人でよくご飯を食べに行っていて気心は知れていましたし、ソフトボールで鍛えたガッツは素晴らしいと思っていました。2人で仕事をすれば「絶対うまくいく」と、とても心強く感じました。

震災の影響で内装資材の調達が遅れたり、途中、内装業者を変更するといったトラブルもありましたが、それを乗り越え、予定より少し遅れて5月25日に、初めての私のお店がオープンとなったのです。

1年経たずに、予約必須の人気店へ

もちろん、オープンして、すぐに連日満席状態というわけにはいきません。そこでまずは地道に口コミの力を頼って集客アップを目指しました。

当時ちょうどSNSが流行りだした頃で、学生時代の友人たちが盛んに宣伝してくれたのです。皆が大学に進学するなか私は短大に行ったので、そこで付き合いが途切れてしまった友人が多かったのに、噂が噂を呼んで、次々と友人たちが来てくれました。そして来てくれた子たちがまた、SNSで発信して……というつながりで、本当にたくさんの友人・知人が来てくれて、うちの店はプチ同窓会状態となりました。

兄がラグビー部時代にご一緒していたお友達も新橋で働いている方が多くて、そして彼らはちょうど夫の言う〝居酒屋〟世代です。ありがたいことに、同級生、先輩後輩とどんどん縁が縦横に広がっていき、たくさんの方が来てくれました。

それでもまだ2～3か月目ぐらいまでは、そこまで忙しい状態ではありませんでした。そこからだんだん、友人つながりだけでなく一見さんのお客様がいらしてくださるようになって、私たちのサービスに満足して「美味しかったよ」「楽しい時間だったよ」と喜んでくださるようになりました。そして再来店してくださるようになり……。そんなお客様が増えていき、1年経たないうちに〝予約をしないと入れない〟お店になったのです。

新橋の駅前のSL広場から階段を降りてくると正面が『そらき』です。たいてい私は店内より1段高くなっている厨房にいたので、常連さんたちが降りてくるのがよく見えました。満席の店内をチラッと目にして、何度「ごめんなさい」と謝ったかわかりません。8・4坪ほどの20席の店内が連日満席で、2人では回し切れなくなってしまい、特に混む週末はスタッフを増やしました。

1日の平均売上は11～12万円と、当初の予測から倍の数字に達していました。

お店を人気店に導くために、2つのことを心がけました。
まずは、当たり前ですが飲食店なので、生ものを扱っています。回転をさせて、新鮮なメニューを提供する。この点はアパレルも同じだと思っています。

もうひとつは、お客様に心地よい空間を提供すること。ここに来て、より良い時間を過ごしていただくために、例えばお皿ひとつにも気を遣います。心を配る、相手に心を尽くす、その一点だと思います。お客様がこの店に何を求めているのか、その先を読むのです。そうすれば自ずと売上は伸びていくと思うのです。

これもアパレルと同じかもしれません。気持ちよくお買い物をしていただくと、きっと次も来てくださるはずです。

心地よい空間を提供するために気を配りました。例えば人によって気持ちの良い接客が異なるということです。提供するのはお酒とお料理ですが、来店の目的は人それぞれ。

このお客様は会話を楽しみに来ているのか、お酒を味わいに来ているのか、それとも仕事にストレスを感じて癒しを求めているのか……。一人ひとり見極め、その方に合った接客をするように意識しました。

本当に話好きの方でしたら隣の方とも話し始めます。おひとりさまのお客様がカウンターに並ばれた場合、私の方からそれとなく紹介しました。名前や職業ではなく、あだ名やご趣味、エピソードなどです。「先日はゴルフでしたのよね、○○さん」などと水を向けると、それをきっかけにお隣同士で会話が始まったりするのです。

友人も、一見さんも、知人の伝手でいらした方も、私にとっては同じお客様です。「また来たいな」と思っていただけるよう、分け隔てなく最大級の心配りをしました。

お客様が気持ちの良い空間だと感じてくださるような、上質な顧客体験を提供できたなら、結果が必ず数字に表れてきます。やりがいのある仕事でしたね。

予想外の早さで、2店目のオープンの話が舞い込む

連日満席で忙しい日々を送っていたある日、隣にあったゲームセンターの閉店が決まったという知らせを受けました。

突然、考えてもいなかった2店目の構想が浮上して、かなり悩みました。確かに店は毎日繁盛していましたが『そらき』は開店して1年のお店。まだまだ未熟で、この先何があるかもわかりません。借金は規定通りにしか返済していませんでしたので、新たに借りられるお金にも限りがあります。

でも、商売の世界ではよく「隣の土地が空いたら、何があっても買いなさい」と言います。そんな感じで「やってみたら良いんじゃないですか」と助言をくださるお客様もいました。だんだん私も、挑戦したいと思うようになったのです。

一番の理由は、満席時にお客様をお断りする心苦しさでした。せっかく『そらき』で過ごしたいと思い足を向けてくださったのに、それをお断りするのは、お客様からの信頼をなくすことです。お客様からしたら「だったらもう行かなくていいや」と、金輪際来店してくれなくなってしまう可能性だってあるのです。それがすごく不安で、やはり隣はあったほうが良いという決断に至りました。

そこでまた東京信用保証協会と地元の信用金庫に2店舗目の事業計画と1年間の業績を持って行きました。今回は先方が業績を評価してくれて、すんなりと融資を決めてくださいました。びっくりするほどすんなりと、2店舗目がオープンできることになったのです。

金融機関を説得するのに必要なのは想像力

融資のために書類を用意して感じましたが、起業するということは、ビジネススキルだけでなくいろいろな能力が必要です。

まず融資を受けるには書類を作って、金融機関を説得します。そこでは、いろいろなことを想像する自分自身が説得材料なのだと思います。

説得して、融資を受けてから始める事業は、説得する時点ではまだ始めていない状態ですよね。ということは、これから自分が展開する事業に対して想像を膨らませて、相手を説得する必要があるということです。「この場合は、こうしますよ」と。そのためには想像力を鍛えることが大切です。人を説得するには、想像力が必要なのです。

無事融資を受けられたのはありがたかったですが、事業計画で書いたことは、現時点では架空のことです。それを実現するのは、私自身しかいないのです。「起業って、責任感がなければできないな」と実感しました。

一見大変そうですが、努力や創意工夫で伸ばしていける点で、起業はとてもやりがいのあることでもあります。

安定を求めて正社員になる道を選ぶこともできましたが、正社員になってもスキルのない私には上限が見えていました。それを考えると、何も持たない私にとって、起業は魅力的だったのです。

『そらきーS』と『SORAKI-T』

新しいお店は、当時出始めていたタパスを出すようなワインバルをイメージして、洋風居酒屋に仕立てました。隣り合った店同士の真ん中を抜いて、ひとつの空間にすることも考えましたが、建物の構造上無理だったのです。

そこでただ漠然と隣にもう1店舗出すのではなく、『そらき』の次の間を作ろうと思ったのです。よく旅館などで、お座敷と他の空間を結ぶ次の間ってありますよね。そんなイメージで、完全に別にはなっていない『そらき』につながるお店にしようと思いました。

名前は次の間の「T」で『SORAKI－T』と名付けました。これには「樹＝tree」の「T」の意味も含まれています。元々の『そらき』の呼び名は「空＝sky」の「S」を入れて『そらき－S』としました。『そらき－S』の内装は空のイメージでブルーと白を基調にしていたので、『SORAKI－T』は樹をイメージし、オレンジとグリーンを使いました。

『SORAKI－T』開業に合わせ、ワインに合うピザやアヒージョという洋風メニューを充実させました。そして従来の『そらき－S』とメニューを共有、どちらの店でもどちらの味も楽しめるようにしたのです。『そらき－S』でワインと生ハムが楽しめるし『SORAKI－T』でも焼酎とたまご焼きがいただけます。

結果、宴席の予約数や女性グループの来店が増えるなど、お客様の幅も広がりました。

『SORAKI-T』開店でメンバーも増えた

生産性が向上した新システム導入

席数は『そらき－S』が20席あったものをボトルキープのスペースを作り18席、『SORAKI－T』は19席にして、合計で37席ほどの店となりました。『SORAKI－T』では貸し切り宴会もできるように工夫しました。可動式の大テーブルを用意し、通常は折りたたんでカウンター席として利用。宴会時はテーブルを大きくできるようにしました。メニュー数は合わせて60ほど、それぞれの厨房で半分ずつ作り、行き来していました。

2店舗になり、スタッフはそれぞれ厨房1

人フロア1人の計4人で回していました。でも会計などで、どうしても捌《さば》き切れなくてお客様が並んでしまうことがありました。当初はオーダーを受けたら注文票に手書きで記入して、会計時はそれをひとつずつレジに打ち込むという流れ。どうしても時間がかかってしまいます。また注文を両店舗に振り分けて調理し、配膳する作業も手間取ります。お客様をお待たせすることに、心を痛めていました。

そこで厨房機器を扱う業者さんに相談して、当時はまだ珍しかった、iPod touchでオーダーするレジシステムを導入しました。スタッフがiPod touchに入力すると直接厨房にメニュー名と席番号が書かれたチップが出てきて、それに従って調理をする仕組みです。会計の時は、レジ台にあるドロワーがセットされているタブレットでデータを確認すると、自動でテーブルごとの合計金額を計算してくれます。

導入費用は多少かかりましたが、手間が大幅に省かれて、スタッフの生産性が上がりました。レジの混雑が緩和され、閉店作業も予定通りに終わるようになりました。売上データの集計・管理にも有効です。残業が減ることによってスタッフの人件費が削減され、注文ミスも減少するといった費用対効果を考えると、決して高くはなかったと思います。

夫との永遠の別れ

『そらき－S』と『SORAKI－T』で、忙しくも充実した日々を送っていましたが、15年12月に夫が亡くなりました。

脳梗塞で左半身麻痺になり、心筋梗塞は3回患っていました。身体が耐えきれなくなってしまったのだと思います。

数日間、原因不明の熱が続いて、とりあえず検査しましょうと入院しましたが、すぐに容態が急変してしまったのです。私と息子が病院に駆けつけた時は、意識は既になく蘇生措置をしていました。心肺停止状態。心臓マッサージで動かしているという状態が1時間ほど続いていました。

心臓マッサージをしてくださる先生を見守りながら私は判断に悩み、おろおろと思いを巡らせていました。先生に「やめてください」と言う決心がつかず、何もできずにいました。

そんな時に、息子が先生に「先生、すいません。父は元に戻りますか」と聞いたのです。先生は静かに「それはありません」とおっしゃいました。

返事を聞いた瞬間、私は何も言えませんでしたが、息子が「じゃあ、結構です。ありがとうございました」と毅然と答えを出してくれたのです。

私はこの時、息子がいてくれて本当に良かったと思いました。私だけでは、先生に最後の一言が言えなかったかもしれません。

父親の最期を見極めるという、大事な場面でジャッジを下してくれた息子には、本当に感謝をしています。今までの人生で一番息子に感謝していることかもしれません。

夫を支えた介護の日々と仕事

夫とは、私が10代の時に出会って、21の時に結婚して、ともに選挙を戦い、息子に恵まれ、いろいろなことがありました。必ずしも順風満帆ばかりの関係だったわけではありませんが、彼は私の人生で一番身近にいたパートナーであることは間違いありません。その後の喪失感は計り知れないものでした。何もする気になれず、それまで走り続けてきた私でしたが、1か月ほど仕事をおやすみしました。

家庭内では、男性が強かった時代の、いわゆる〝昭和の男〟でしたので、合わせる私に苦労がなかったと言えば嘘になります。本当にいろいろとあったことを思い出します。

私が働き始めてから、週の6日はほとんど一緒に食事ができなかったので、日曜日は必ず2人で外食をして過ごしました。彼はお寿司が好きだったので、行きつけのお寿司屋さんには大変お世話になりました。

脳梗塞で倒れた時に「車椅子生活になりますね」と言われたのに、杖と補助具は必要でしたが、歩けるようになるまで頑張ってリハビリに励みました。

糖尿病の影響で目も良く見えず、左半身も動きませんでしたが、家のなかで杖をついて移動したり、着替えなどは自分だけでできるよう努力もしていました。

それでも亡くなるまで、ヘルパーさんを巻き込んだ介護は必要でした。居酒屋で働いているとと勤務時間がずれ込み、深夜帰宅は免れません。家に帰るのは早くて1時で、就寝が深夜2、3時になります。それでも翌朝7時には起きて、8時には夫に朝ごはんを出して食べさせる毎日でした。

私が介護生活を続けられたのは、仕事の存在も大きいと思います。

夫が倒れた時、私は「やさしい人になろう」と思いました。政治家としての大志を断念するほかなかった彼にとって療養生活は辛いもので、精神状態が不安定になることもありました。

それまでの夫婦関係だと、私も一緒に苛立ってしまい、それが重なれば夫婦の関係性は崩壊してしまいます。私は、やさしくなって、なんでも受け止めようと決意したのです。

「やさしい人」になるために、私が家庭とは別に自分のフィールド、仕事を持っていたことにだいぶ助けられたと思います。少なくとも仕事をしている時間は、辛いことを一瞬手放し、夢中になれます。もし私が裕福な家庭の奥様で、働かず介護に専念しなければいけなかったなら、破綻していたかもしれません。

家計だけでなく精神的にも、仕事の存在には助けられた日々でした。

私は社会に出るまで「夫の言うことが全て。夫が言う通り、思う通りにすることこそが正しい」という感覚で生きていました。そんな夫から「人の気持ちを感じ取って、相手を思いやる」ことの大切さも学びました。

夫から学んだことは、今の私を作り上げている重要な要素のひとつだと思っています。

永遠の別れを受け止めるのに時間はかかりました。

でも今では、まだ私に社会で頑張る余力があるうちに「もういいよ。好きなようにやりなさい」と押し出してもらえたのかなと受け止めています。

息子からの忠告

いっぽう息子は、4年生の秋の引退後に一旦大学を休み、野球の独立リーグに入団。東京を離れて、兵庫県で選手生活を送っていました。ただ、私と「絶対に大学は卒業する」という約束をしていたので、2年後に帰京し復学して1年通いました。その1年の間、夜はうちの店でアルバイトをしていました。

彼は兵庫時代もスポンサーの方が経営する居酒屋さんでアルバイトをしていたので、経験者として私にアドバイスしてくれることもありました。アルバイトとの距離感など、居酒屋の流儀を持ち出して、うちの店でダメだと思う点を細かいところまで指摘されました。

彼が「アルバイト仲間だけのグループを作ってあげないとダメ。オーナーが自分でなんでもやるやり方は良くないし、仕事していてみんなも楽しくないと思うよ」と何度も言っていたことが印象に残っています。

アルバイト同士の連帯感が仕事を楽しくする。人数を増やして、そのなかでシフトのやりくりなどを管理できるように任せた方が良いということです。当時は、私がみんなに交じってしまい、アルバイトさん同士のつながりをつくる機会がなかったし、仕事を任せることができていませんでした。そうかもしれないと感じながら、息子の助言にはなかなか素直になれず、実行はできませんでした。

でも今は、より大きな組織に身を置いて、人に任せることの大切さを感じています。

予期せぬドムドムへのお誘い

そんな私の『そらき』での日々に突然変化が訪れます。17年5月のある日、常連のお客様がお店で、こんなことをおっしゃったのです。

「ドムドムハンバーガーで、メニュー開発のアイデアを提供していただけませんか」

その方は『そらき』の料理や接客を気に入って通ってくださるようになったお客様で、レンブラントホールディングスの専務をされていました。ちょうど、ダイエーの子会社、オレンジフードコートから譲り受けたドムドムハンバーガーの再建に乗り出そうとされているところだったのです。

第 4 章

50歳を過ぎての新たな挑戦

── ついにドムドム社員に ──

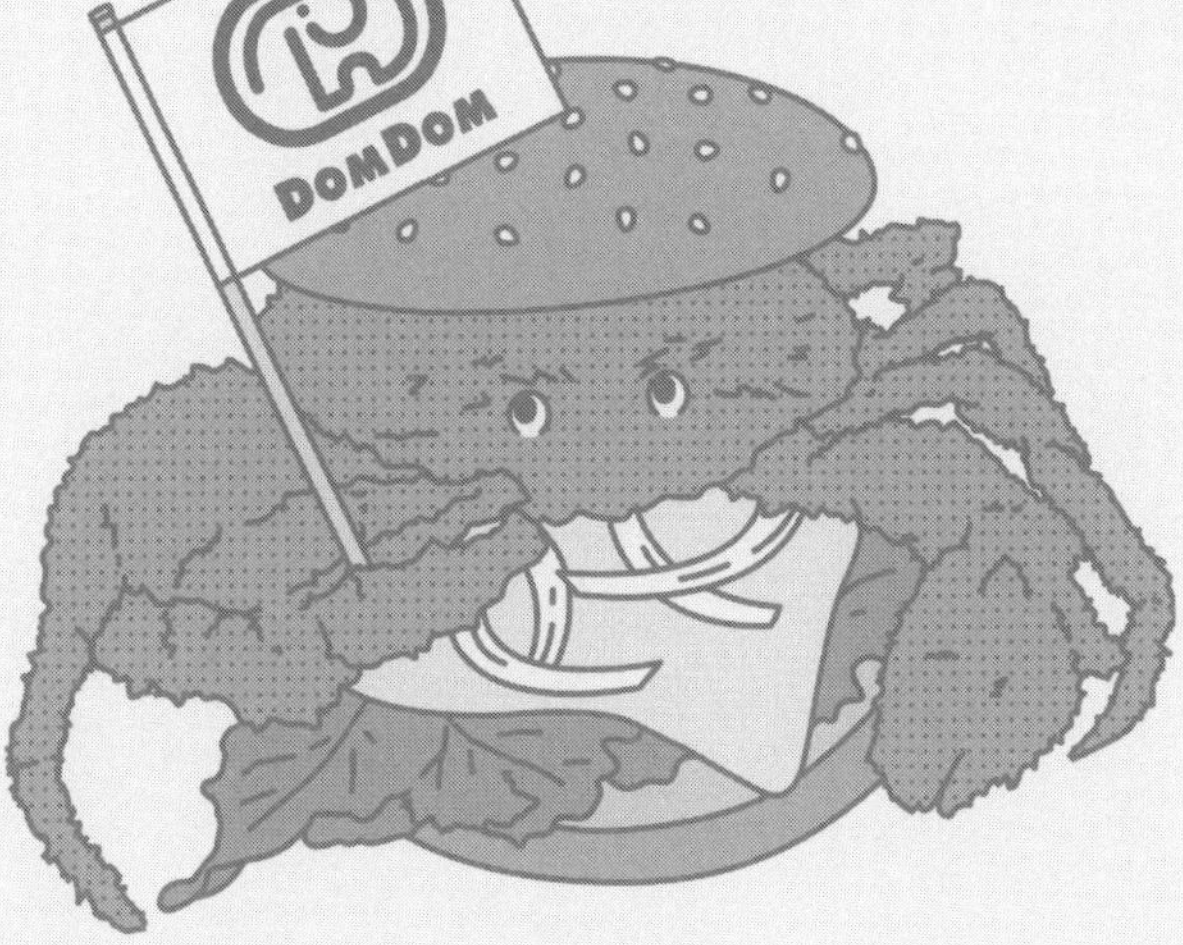

ドムドムのメニュー開発という〝青天の霹靂〟

「今度うちでドムドムハンバーガーを運営するんだけど、メニュー開発のアイデアを提供していただけませんか」

お客様だったレンブラントホールディングスの専務の言葉に、一瞬、思考がストップしました。予想もしなかったお話でした。でも自分がお誘いを受けていることが理解できると、ハンバーガーショップでの商品開発の仕事にとても魅力を感じました。

ドムドムハンバーガーといえば、私たち世代なら子どもの頃に慣れ親しんだ味という方も多いでしょう。そんなメジャーなお店の味づくりに参加できるのは、とても興味深いことです。

私はもともとレシピを考えてお料理するのが好きです。『そらき』オープンの際も、全メニューでこだわり抜いたレシピを作って、商品開発には力を入れました。

オープンからずっと継続して、その日の仕入れを見てメニューを決める〝今日のおすすめ〟は7品ほど作っていましたし、毎日日替わりのお通しも2種お出ししています。お通しは、365日同じメニューはありません。そして全ての品を、心を込めて作っています。そんな料理にこだわる私の気質が活かせると感じました。

タイミングも良かったと思います。夫が亡くなってからしばらく経ち、落ち着いてきていましたし、息子も夫の志を継ぎ、政治の道を歩み始めていました。2店目のお店の経営も順調で、安定していました。

当時の私は、自分のために時間が使える状態でした。人生初と言って良いくらいに自由だったのです。応じることに迷いはありませんでした。

50歳の居酒屋のおばさんを、歴史あるハンバーガーチェーンの大きなビジネスに誘ってくれた、彼の勇気と情熱に感銘を受けました。私の料理と接客をそれだけ評価していただいたということです。

ドムドムハンバーガーは日本生まれのハンバーガーチェーン店なので、日本人の舌にあった味を目指していました。それに私の作っていた家庭料理ベースの『そらき』の味がマッチすると考えられたのだと思います。「お袋の味」のような料理が皆様に愛されて、私のお店は繁盛していました。そういったところも見ていただいたのでしょう。

試作に次ぐ試作の日々

後日、オフィスにお伺いし、詳しいお話を聞いて契約をしました。

顧問契約という立場で、毎日オフィスに出勤する必要はありません。『そらき』は今のまま続けられる環境です。仕事内容は運営開始の少し前から商品開発の会議に出てメニュー案などを提出するというものでした。

レンブラントホールディングスのグループ会社のドムドムフードサービスは17年7月にドムドムハンバーガーを譲り受けて、運営を開始するとのこと。そのスタートのタイミングで私にお声がけいただいたのでした。

実は、お話をいただいた段階から、私の試作の日々はすでに始まっていました。家のキッチンや『そらき』の厨房で作り、家族やお客様に試食をしてもらっていたのです。

最初にチャレンジしたのは『そらき』の人気メニューでもあった、たまご焼きをバンズに挟んで食べるたまご焼きバーガーです。味には自信がありました。たまご焼きは日本人のソウルフード、絶対に皆様に愛される味のはずです。

しかし、チェーン店のメニュー開発では、味だけでなく、全店同じクオリティーで提供できるかということも重要な要素です。ファストフード店のスタッフは10年超えのベテランさんから、昨日入ったアルバイトさんまでさまざまです。でも同じ看板を掲げるブランドとしては、同じものを同じ味でお客様にお出しできないといけません。

通常、オリジナルパティやポーションを全店に配送し、加熱してバンズに挟むという方法で、同じ味を提供することがバーガーチェーン店のセオリーです。ですからバーガーに合うたまご焼きを探しましたが、日持ちする冷凍の既存商品で値段と味に納得できるものはありませんでした。

そこで「だったら私が作ってみよう」となったのです。

『そらき』で出している厚焼きたまごは卵を3つ使っています。まずはお店で、厚焼きたまごを半分に切ってバンズに挟んで食べてみました。予想通りやっぱり美味しくて、「これで行こう！」と確信しました。

ハンバーガーのバンズに挟む場合、卵は1・5個がベストです。これをいかにバンズの味と調和させて、ひとつのメニューに仕立てるのか、フワフワ感はどう出すのか、こだわって何回も何回も、本当に数えきれないほど試作を繰り返しました。

試食に付き合わされた息子は「こんなに何十回も食べさせられて、本当にきつい」と言っていました。その当時の『そらき』のお客様にも「試食したよ！」という方はたくさんいらっしゃると思います。それだけ病的に、取り憑かれたように作っていました。皆さん、その節はありがとうございました。

そのなかから「これだ！」と思う味が絞られて、お店で同じ味でお出しできるようにレシピ化しました。溶いた卵に独自でブレンドした濃縮出汁を加え、型に流し、アルバイトさんでも簡単にできる方法をあみ出したのです。

『手作り厚焼きたまごバーガー』ついに誕生

完成した試作品を会議に出して承認され、具体的な商品化について商品開発部と詰めていきました。初めて携わったバーガーの商品名は『手作り厚焼きたまごバーガー』に決まりました。運営会社が変わって最初の新メニューです。

私の案が採用されて、まずは9月に新商品を3種類出しましょうという計画となりました。ラインナップは私の開発したバーガーに、パティが2枚の『ビッグドム』と、人気メニューだった『お好み焼きバーガー』を復活させて、合わせて3種に決まりました。

フードチェーン店の多くは、中期計画や短期計画のなかで1年に何回新商品を投入するかというスケジュールが先にあって、それに向けてメニュー開発を行うところが多いと思います。いっぽうドムドムハンバーガーは毎月新商品を発売しているので、いい食材に出会うとまずは作ってみます。そんななかから生まれたソースやパティなどのアイデアストックを数多く抱えているのが特徴。味の引き出しが多いのです。

そのため、新商品開発の期間は短く、流行に応じた話題性のある商品も作りやすい土壌

初めて開発したメニュー『手作り厚焼きたまごバーガー』

があります。『手作り厚焼きたまごバーガー』も、発売まで4か月ぐらいでした。

当時はドムドムハンバーガーが今ほど注目されていませんでしたが、新バーガーは見た目が面白くて話題になりました。お肉も魚介も入っていない風変わりなバーガーですが、好評を以て迎えていただいたのです。

新メニューが決まると、次にグランドメニューの大幅リニューアルが予定されていました。

商品開発部と一緒に試作や試食を繰り返し、新しい〝ドムドムハンバーガーの味〟を作っていく作業でした。フライドポテトやバーガーのケチャップまでこだわって選び、一新しました。『そらき』ではずっと1人でメニュー開発をしていたので、相談しながら決めていく共同作業は新鮮で楽しい時間でした。

その中でも、『エビカツバーガー』のタルタルソースは私が監修したので思い出深い品です。

正式な社員としてドムドムに参加することに

商品開発に加わるようになって、まずは店舗の様子と〝ドムドム〟の味を把握しようと、関東近県の店舗を車でまわってみました。自分が商品を提供するのに、お店のことを知らないとダメだと思ったのです。

さらに西の方も見てみたいと、会社に掛け合って出張させてもらいました。商品開発の立場での視察です。土曜日の朝イチに出発して4店舗ほどまわり、同じバーガーを試食して、お店の状態も確認、夜に帰るというハードスケジュールです。

試食して感じたのは「もう1回食べたいとは思えないな」ということでした。正直、美味しいとは思えなかったのです。同じ商品を食べたのに、店によってバーガーの組み立てが様々で（レタスを挟む順番が違ったりして驚きました）味も違いました。時間帯別の客層を観察したり、従業員の動きなどもチェックしたりして、後日、レポートにまとめて会社に提出しました。

会社のお金で遠方に行かせてもらったからには、きちんとした報告が必要だと思ったのです。出してみると、意外そうに受け取られたのを覚えています。会社側はそんなことは求めていなかったようです。

予想外だった私の熱意を認めてもらえたのか、9月に専務から「正式に入社して、お仕事をしませんか」とお誘いいただきました。ドムドムハンバーガーを運営する業務がスタートして、もう1人ぐらいスタッフを募集しようとしたところで、ちょうど私のレポートを目にされたのかもしれません。

社員で働くということは、その仕事に専念するということです。当時の私には『そらきーS』と『SORAKI－T』の2軒のお店がありました。経営状態が良くなかった実家の会社を譲り受けて『そらき』と統合し、社長も務めている状態でした。それぞれに従業員の方もいますし、無責任なことはできません。

でも、ドムドムの仕事にも魅力を感じて、どうしようかと大いに悩みました。当時、パートナーとして店を運営していたのりちゃんも慣れてきて、そろそろ独り立ちをしても良い頃合いかなと感じていたのも事実です。彼女とは10年以上の長い付き合い。将来に向けて、他の経験もしてみたいと相談されていたタイミングでもありました。

そこで、私が店を出て、のりちゃんに1人で『そらき』を任せるのも良いのかなと思いました。人柄も料理の腕も、運営についても申し分ない彼女なら、安心して店を任せられます。のりちゃんに相談すると、笑顔で「任せてください」と送り出してもらえました。統合した会社も、信頼できる方に社長をお願いできることとなり、私は実務にはノータッチのオーナーになりました。

不安だった案件が無事解消されて、正式に入社することになったのです。

応じたいと思った理由に、単純に、嬉しかったということもあります。私は、人気店とはいえ、ただの50歳の居酒屋のママです。そんな私のことを正式な仲間として呼んでくださる経営者の勇気に改めて感銘を受けました。

こうして、ドムドムハンバーガーを運営する、ドムドムフードサービスの社員としての毎日が始まったのです。

新店舗での苦い思い出

11月に入社すると、引き続き商品開発と、そのほかに接客のトレーニングマネージャーをして欲しいと打診を受けました。そこで接客について現場で学ぶために、12月に神奈川県厚木市に新しくオープンする店の店長を任されることになりました。

テナント契約などはすでに終わっていて、私は新店で店長としての実務を担います。学生時代に少しだけハンバーガーショップでアルバイトしたことはありましたが、正式なスタッフとして、しかも店長として働くのは初めてです。

グランドメニューのリニューアル作業は11月にピークを迎え、すでに終わっていました。まずは厚木店の開店前に、別店舗で2～3週間にわたり、オペレーションを学びました。本社の会議などもこなしながら、現場で厨房作業や接客スキル、クリンネスなどについてアルバイト店長さんに指導してもらい、身につけていきました。

とはいえ、まだ不慣れな私がいきなり新店を1人で切り盛りはできません。当面は店長経験者などベテラン社員にサポートしてもらいながら運営していくこととなりました。

そうして迎えた厚木店オープンの日。まず、お客様がどれくらいいらっしゃるのか、ドムドムハンバーガーとしては数年ぶりの新店でしたので、参考にできるデータがありません。立地選定に加わっていればある程度、状況が読めたかもしれませんが、土地勘がまるでない厚木の新店です。どれだけ人が集まるのか見当がつきませんでした。

不安と期待を持って迎えた一番目のお客様は、小学校からの同級生でした。自動ドア越しに並んでいる姿を見つけ、胸が熱くなりました。行列の中に、のりちゃんの姿も見つけました。家族も次々と駆けつけてくれました。応援されることによって人は頑張れるものです。絶対にドムドムハンバーガーを再生させたいと、私は心から思いました。

幸い多くの人が訪れ、店は賑わいました。しかしオペレーションがうまく機能せず、ファストフード店なのに何十分もお待たせしたばかりか、食材が大幅に足りず、早々に売り切れてしまったのです。2日目、3日目も同様でした。

仕入れはベテランスタッフが担当していました。なぜこんなにも読み違えてしまったのか、「プロなのになぜなんだろう」と疑問に感じました。

最盛期の400店舗には比べようもありませんが、全国に30店舗以上（当時）あったハンバーガーチェーンで10年以上経験された方たちが、初日とはいえこれだけの読み違いをしてしまう。その状況に驚きました。期待されていた商品を提供できず、大切な初日にお客様の信頼を裏切ってしまったのです。

せっかく来てくださったのに「売り切れです」と聞いて残念そうな顔になってしまうお客様を見ていて、申し訳ない気持ちでいっぱいになりました。

発注締切を失念する大失敗！

店長業務は、今まで仕事をしてきて初めて体力的に辛いと感じました。仕事が、というよりは墨田区から厚木市までの通勤が辛かったのです。店舗の営業時間は朝8時から夜11時まで。シフト制でしたが、ついつい私は残業してしまい、そうなると往復4時間かかる通勤時間がさらに辛く感じられました。

店舗運営は居酒屋時代とは違うことも多々ありましたが、お客様に安心安全で美味しいものをお出しして、明るい接客をする。その基本は変わりません。

とはいえ、慣れるまで戸惑ったこともありました。一番大変だったのは、食材の発注です。仕入れには自社システムを使っていて、食材は使いたい日の2日前に、見込みの数をたてて発注することになっていました。

居酒屋時代は毎日開店前に自分で食材を買いに行って、その日のおすすめメニューを考えていました。運営方法がまるで違うのです。

厚木店の場合は、食材は月水金が発注日、バンズは毎日発注で毎日届いていました。でも、ある日、バタバタしていて4時の発注締切を失念してしまいました。気がついて泣きそうになったことが2回ほどあります。大失敗ですよね。

その時は幸い、まわりの店舗に助けてもらい、ことなきをえました。

この時は、連続して3店舗開店する予定で、厚木店はその最初の店舗でした。開店初日の出来事や、原価や人件費の割り振り、スタッフ教育など店舗運営のいろはをベテラン社員に教わりながら、会社として新店を出すのは時期尚早だったのではないかと感じました。まだ組織の足腰が弱く、筋肉が足りない状態だと思ったのです。

食材のデータをすべて数値化する

「常に不安があって状況に満足できない。その不安を解消するため、次から次へやることを見つけてこなしていく」というのが、１０９時代から変わらない私の仕事のスタイルです。当時、無休で働いていたのは休むと不安になるからでした。

ドムドムハンバーガーに入ってからもそのスタイルは変わりません。厚木店でもバンズなど食材を切らすことが不安でしたので、何個ずつ仕入れれば在庫がなくならないのか、データを取り、表を作成しました。毎日入荷するバンズと、隔日で入荷するレタスなどの食材についても必要数の違いなど、全て数値化しておこうと表を作りました。

これほど歴史のあるチェーンなのに、在庫管理のモデルケースなどは、データ化されていませんでした。私にはわからないことがいっぱいあって、不安を解消するためやるべきことがたくさんあったのです。

異動で自分がいなくなった後でも後任のスタッフが問題なく店舗運営できるよう、売上別の必要食材数など、いろいろなデータをまとめておきました。エクセルは今でも苦手ですが、その頃から少しずつ必要に応じて使うようになっていました。

スーパーバイザーとして東日本を飛び回る

おかげさまで厚木店はオープンから数か月、売上は好調でした。そして私は18年4月から、スーパーバイザー（SV・統括エリアマネージャー）として東日本の店舗を担当することになりました。3月の決算の結果を受けて、会社全体が体制の見直しをすることとなったのです。

それまで営業部門は、社長の下に営業部長、その下にSV（東日本3名・西日本3名）という体制。そこをスリム化することになり、紆余曲折ありながら最終的に東日本と西日本それぞれ1名に絞ることが決定したのです。東日本担当として私に白羽の矢が立ち、西日本担当はグループ会社からの新任者でした。

SVになり、東日本の16店舗を忙しく飛び回って、運営のサポートをする日々が始まりました。具体的には、まずは各店舗の人員の管理をします。シフトの管理はもちろん、ほかにも「今日は○○店のスタッフが足りない」と聞いたら、すぐに駆けつけて自分が店に入ったりもしていました。そのため全店のシフト表をプリントアウトして常に持ち歩いていました。SV時代はいつでも店に立てるように、小さめのスーツケースにスニーカー、ユニフォーム類、パソコンなどを入れて、大荷物で移動していました。

そのほかの仕事としては、原価率の管理、商品・クリンネスの管理、イベント企画など本部の意向を現場に周知すること、設備の保全管理、クレーム対応などです。

店長はもちろんアルバイトを含めたスタッフたちとコミュニケーションを取りながら、それぞれの店がスムーズに運営できるように心がけました。

各店舗とLINEで交流を持つ

SVとして各店舗をまわることが決まった時に、現場のスタッフが私に困ったことなどを相談しやすい雰囲気をつくることが大事だと思い、そのために何をしたら良いのか考えました。

まずは、店舗まわりの時、感謝の気持ちや従業員へのメッセージを伝える手紙を置いて帰りました。会えなかったスタッフにも言葉を添えるようにしました。

クレームがあった店舗宛に「皆、頑張っているけれど、クレームは一度起きてしまうと、皆がそうだと思われてしまいます。そこは改善しようね」などとメッセージを残し、ただ機械的にチェックしてまわるだけでなく、働いている人の気持ちを思いフォローしていくように心がけました。

効果的だったのが、店長さんたちと私でＬＩＮＥのグループを作ったことです。

何か伝えたいことがあって電話しても、厨房で調理中だったり、カウンターで接客中だったら、出られないか、出られてもその作業を中断させてしまうことになります。急ぎの連絡を除いて、これは大変非効率です。またメールを送っても、現場で忙しく働いているとパソコンを開いてわざわざチェックすることもできません。でもＬＩＮＥだったら、スマートフォンを開く一瞬で終わります。

例えば天気が下り坂で嵐が近づいていて「明日、嵐が来るのでお客様が減ると思います。

仕込みの量に気をつけてください」と一言だけ伝えたい場合は、LINEで十分です。悪天候下での従業員の出勤状況確認なども、わざわざ電話する必要はありません。LINEで一言確認するだけで済みます。

そのような緊急を要しない、でも確認しておきたいということを、ひとつのプラットフォームに私が投げておけば、各々の良いタイミングで見て、リアクションすることができます。

またアップされた情報は、メンバー全員が確認できるので、周知・統一がたやすいことも、LINEグループを作りたかった理由です。

例えば、新商品が発売されると、店舗では店内ポスター、メニュー表等を入れ替えます。これをしないと、お客様に新メニューを紹介することができません。

それを写真に撮って「変更完了しました」とLINEで送ってもらいます。スマホで撮って送るだけなので簡単です。これがPCだとひと仕事になってしまいます。しかも年配の人だと、パソコンの扱いが苦手な場合も少なくありません。

挙がった写真は即座に共有されます。その結果、思わぬ効果が表れることもありました。

ある店長さんが自分で「Coming Soon」とPOPを作ってあしらい、発売1週間ぐらい前にポスターを掲示したのです。店長自ら考えた素晴らしい販促です。それが良いねと話題になり、追随する店が出てきました。

各店長がSVに直接メールで送っていたそれまでの運用ならば、SVへ「やりましたよ」と報告して終わりでした。でもグループLINEならば皆に見られると思い、自ずと新商品告知にも力が入りますよね。その結果、全店舗の告知方法の質がアップしました。

以前私がやってしまった発注忘れも「バンズがたりません」とグループにコメントを投げたら、「○○店から送りますよ」とレスポンスがついて即解決です。LINEグループがなかった時代は、まず店長からSVへお詫びの電話が入って、どうしましょうとなります。そして1店舗ずつ在庫確認の電話をして……と時間がかかることは明白です。

情報の共有と協力。何よりも店舗同士の横のつながりが生まれたのです。

私が絵文字をバンバン使うせいもあって、慣れてくると皆さんもフランクになって、距離が近くなったのも嬉しい効果でした。

閉店に立ち会って感じたこと

SV時代に5店舗、閉店作業に立ち会ったのも得難い経験でした。テナント契約の終了や赤字など閉店の理由は様々ですが、それぞれ長い歴史があって地元で愛されたお店です。最終日には多くの常連さんが感謝を伝えに来店してくださいました。入社してまだ間もない私も、皆さんの愛を強く感じ、感謝の気持ちでいっぱいになりました。店舗の後片付けが終わった後は、がらんどうになったお店を見渡して、皆で涙ぐんでしまいました。

スタッフも長く携わっている人が多くて。そういう人たちに、申し訳ない、悲しい思いをさせてしまったという不甲斐なさも痛感しました。

いつの日かスタッフの皆さんに「私、ドムドムハンバーガーで働いていたのよ」と誇りを持って言ってもらえるように、良い店づくりをして、ブランドを育てていきたいと自分に誓いました。

運命を変えた１本の電話

ＳＶになって１か月ほどたった頃でしょうか、３月の決算についての情報が私の耳にも入ってきました。私は平社員でしたので、決算の時点では何も知らされていなかったのです。あまりのマイナス額に「えっ？」と耳を疑いました。

私は自分が店舗経営をしていたので、商売においては常に経営者目線になります。数字の意味がわかります。耳に入った数字が予想を大きく超える桁数のマイナスだったのです。聞いた瞬間「これはダメだ」と思いました。先行きがまるで見えません。

私はドムドムハンバーガーに入社するにあたって、退路を断ってきた人間です。『そらき』ではたくさんの常連さんに「頑張って」と送り出していただきました。お客様に「来て！　来て！」と声をかけておきながら、来てくれた方たちに「じゃあね。私は次の仕事に行きますね」と自分のわがままで去りました。にもかかわらず、本当にあたたかい労《ねぎら》いと応援の言葉をいただいて、今の会社に来たのです。もし戻るようなことになったら、その方たちに顔向けできません。

順調に店を運営するのりちゃんにも「のびのびやっているから、もう二度と帰らないでくださいね（笑）」と冗談交じりで言われています。「独り立ちしなさい」と言ったからには、戻れません。

数字を聞いてしまうと、それまでSVとして経営陣と現場を行き来するなかで、少しずつ気づき始めていた会社の問題点がいくつも頭に浮かんできました。

経営陣がやりたいことが下まできちんと届きづらい状況でした。組織として風通しが良くない。私と同じ立場の人たちが、自分の意見を言えていない状況だったのです。

ミーティングに関しても、本当に数字の羅列でしかなく、問題点が頭のなかに入ってきません。「前年対比○%、いくらの売上で、いくらで着地しました。原価率○%、人件費率○%、○%の着地です。○○店が○%落ちたので、改善したいと思います」とただ数字を読み上げるだけ。現場で何が起きているのか、問題点は何で、どうすれば改善できるのか。そういった実のある会議からは程遠かったのです。

厚木店をはじめとする3つの新店舗についても、赤字にもかかわらず、運営方法などの問題点に対する効果的な改善策が議論されていないと感じていました。

私には、このままだと本当に会社が終わってしまう未来が見えていました。何かしなければと焦りました。数字を聞いてから数日後、三ツ境店から金沢八景店に移動する乗換で横浜駅に降り立った際に、そのまま駅構内から専務に電話をかけました。

昼下がりで、ショッピング客や学生さんたちで駅構内は賑わっていたのを覚えています。電話がつながり、「どうしましたか」との問いかけに、私は一言、こう言ったのです。

「私を、意見の言える立場にしてください」

第5章

火中の栗を拾う

――ドムドム社長に大抜擢――

改善策をしつこく提案する

切羽詰まった様子で「私を、意見の言える立場にしてください」と言う私に、専務は落ち着いた声で「それって役員になるということですよね。それは無理ですね」とおっしゃいました。「何の数字も出していないのに、それは無理です」と。

その言葉を聞いて少し落ち着き「まあ、そうだろうな」と思いました。同時に、全社的にそこまで落ち込んでいる時に、私が1人で数字を出すことは不可能だとも思いました。ビジネスにおける数字とはいろいろな積み重ねの結果で出てくるもの。一朝一夕で逆転できるものではありません。

でもそれ以上、言葉が出てこず、私は「わかりました」と電話を切りました。

私はその後も諦めませんでした。数回にわたり、専務にメールで改善策を送りました。再建の道筋を考えて、苦手なエクセルで収支予測表を作成して提出しました。運営会社が変わってから人件費が伸びている問題点などを指摘し、自分なりの改善策を提案しました。

また、物流コストを抑えるためにドミナント戦略を検討すべきとも提案しました。ドムドムハンバーガーは国内に店舗が点在していて、物流コストがかかってしまっていたのです。例えば当時、九州には2店舗しかありませんでした。遠隔地のため宅配便で配達していたので、余分なコストがかかっていたのです。

今思うと、契約などがあり、すぐに解消できる問題ではなかったと思います。私の提案は机上の空論に過ぎなかったのかもしれません。でも、何かしないではいられなかったのです。

当時感じていたのが、他の社員と私との危機感の違いでした。私は、自分で『そらき』という店を築き、運営してきた経営者ですから、ブランドを築くことの難しさを知っていました。そして、赤字が続けば会社が潰れてしまうということにリアリティーがあったのです。

一方、社員の多くは、運営母体が替わり、ユニフォームやロゴ、看板などハード面が変わっただけでブランドに劇的な変化が起こると考えているようでした。会社とはあって当たり前で、なくなるわけがないと考えているようで違和感を覚えました。

何とかして「簡単にお客様の理解は得られない。それがなければ売上は上がらない。いつまでも売上が上がらなければ会社とはなくなるもの。いまの状況では、容易になくなってしまうところまで来ている」ということをわかってもらおうと必死だったのです。

「代表取締役」という予想外の展開

横浜駅で専務に電話をした時から約2か月後の7月半ばに、レンブラントホールディングスの経営陣に呼ばれました。本部へ行くと、突然こう言われたのです。

「ドムドムフードサービスの取締役になってください。ついては代表取締役です」

〝代表〟取締役。この抜擢は予想外で、まさに青天の霹靂でした。ですが〝意見の言える立場〟を望んだのは私です。すぐに「わかりました。頑張ります」とお受けしました。

入社から9か月後の8月1日、私は代表取締役となりました。その日は、奇しくも109で働き始めてからちょうど13年後でした。

常に不安を抱えて走り続けるのが私の仕事スタイルですが、不思議と、決断の時にそれが顔を出すことはあまりありません。『そらき』の開業も、2店目の開店も、ドムドムの代表取締役になることも迷いなく即決できました。

その後、やってしまったことの大きさに対して不安になり、自分でフォローアップしていくという感じでしょうか。

テレビ朝日の『激レアさんを連れてきた。』に出演させていただいた際、若林正恭《まさやす》さんに「次のステップに、ノーモーションで行きますよね」と言われましたが、その通りなんです（笑）。

社長に就任した以上は、結果を出さないといけません。お受けしたその日から、自分は何をするべきかを考え続けました。

社内改革① 社内の風通しを良くして、現場の声をしっかり聞く

正式に代表取締役社長に就任して、ドムドムの未来を創るためにまず着手したのは、スタッフとの信頼関係の構築でした。

SV時代から感じていた風通しの悪さを改善し、お客様と接する現場の声が経営陣まで届き、逆に本社の方針が現場にわかりやすく伝わる状態に改善することが、再建のためにも必要だと考えたのです。

SVなど本部の人間が店舗に行くと、小さなことを含めて様々な問題点に気がつきます。それらを指摘する時の伝え方も大切だと思いました。例えばトイレの清掃が行き届いていないと感じた時に「掃除は時間ごとにきちんと行い、しっかりチェックしてください」と上から強く言うのではなく、「床に小さなゴミが落ちているのが気になりました。忙しいと思いますが、定時の清掃とチェックはしっかり行ってくださいね」と丁寧に問題点を伝えながら指摘します。

言葉ひとつで受け取る側の仕事に対する熱意も変わってきます。信頼関係も生まれるで

しょう。仕事において、信頼関係はすべての土台となります。常に自分と相対する人の気持ちを思いながら、コミュニケーションを取ることが重要です。全社的にそういう空気づくりができるよう、気を配りました。

また会議のあり方を見直しました。「前年比○%増」というような売上や目標の数値の発表を取りやめました。そんなことは資料を見れば一目瞭然ですし、ただ数字を読み上げるだけの会議は時間の無駄です。店舗で起きている様々な問題点の共有、各店舗の改善点、人員計画と現状、営業企画などについて議論するようにしました。立場を超えて自由に発言できる場としたのです。それも、笑い声が出てしまうような明るい雰囲気を大切にしながらです。

ＬＩＮＥも活用して、各スタッフやグループで積極的にやりとりをしました。ＳＶ時代に作った店長とのグループは今でも健在です。「ありがとう」といった感謝や「ここが良かった」という評価は積極的に伝え、意思疎通ができる関係性を保てるように心がけています。

ただ、現在、組織的には、私と各店長の間に営業部長やSVといった他の社員がいますので、業務に関する話題を直接やりとりするのは避けた方が良いのか、さじ加減が難しいなと感じています。

社内改革② 週4日は各店舗をまわる

「現場の声を聞く」「信頼関係を構築する」ことは、本社にいてはできません。週に4日は全国の店舗を巡回し、スタッフとコミュニケーションを取ることに専念しました。

だって皆さん、入社1年未満で社長となったのがどんな人間なのか、きっと気になっていたと思います。

その行動は、スタッフの信頼を得るだけでなく、未知の現場を把握して営業指針を決定していく作業にも大きく影響を与えました。

社内改革③「ドムドムとは何なのか？」を模索する

ドムドムハンバーガーとはどういうものなのかを自分で模索しようと思いました。一時期、ドムドムハンバーガーは100店舗を目指しているという話がありました。

私は「そんなことやめた方が良いのでは？」と思っていましたが、経営者の立場から検討したことはありませんでした。それを含めて改めて、どんなブランドでどんなお店づくりをするべきなのか、ドムドムハンバーガーについて考えてみたのです。

わずか9か月しか在籍していない自分には、お客様が何を求めているのかわかりません。それがどうやったらわかるのだろうかと考えた時に、イベントに積極的に参加したり、期間限定メニューなど多種多様なハンバーガー企画を実行したりするなど、自ら新しい場にチャレンジしていこうと思ったのです。

様々な顧客体験を提供して、その反応をうかがったら、お客様が求めるものや、ドムドムハンバーガーとは何なのか？　ということの答えも見えてくるはずです。

社内は大反対のイベント参加

就任して間もなく、18年10月に行われるイベントに参加してくれませんかという打診を受けました。幕張メッセで開催される声優、田村ゆかりさんのイベントです。1日の動員数が6000〜8000人ほどの規模で、計2日間という予定でした。

田村さんがドムドムハンバーガーを愛してくださっていて、会場内でバーガーの販売をしませんかとお声がけいただいたのです。

聞いた時に「面白そう！　やりたい！」と思いましたが、社内は大反対。出店費用もかかりますし、キッチンカーも用意しないといけません。スタッフも大人数集める必要があります。ましてや短時間で大量のハンバーガーを店舗外で販売するなど想像できなかったのだと思います。でも絶対にチャレンジしてみたいと、本社（レンブラントホールディングス）も巻き込んで検討し、参加することにしたのです。

結果、オリジナルで用意した『ゆかりチキンバーガー』を1日500個、2日で計1000個販売する予定が、1日で1000個、2日で2000個売ってしまうという大盛況ぶりでした。声優さんのファンの方はＳＮＳの使い方が上手い方が多く、限定バーガーが瞬く間にＳＮＳで拡散されて、お客様が押し寄せました。在庫が追いつかなくて、途中で販売を休止。追加納品され次第、販売を再開しましたが、キッチンカーの厨房作業も間に合わない状態でした。

2日目も完売の瞬間、並んでいたお客様から拍手が湧き起こりました。購入できない方ばかりだったのに……。暖かなその光景を忘れることができません。

このイベントに参加したことで、ドムドムハンバーガーはこれほど皆さんに愛されているのだと実感しました。そしてＳＮＳの持つ力にも気づかされました。売上以上に、素晴らしい経験になったと思います。

その後も、新橋で開催される住人や働く方のためのお祭り『新橋こいち祭』やバレーボールチームの試合など、様々なイベントに限定メニューやコラボバーガーを企画し、積極的に参加していきました。『新橋こいち祭』では初めてアルコール販売も行いました。

イベントに出るたびにSNSにメニューなどをあげて告知しましたが、毎回、反応の多さに驚きました。SNSの訴求効果は絶大で、毎回告知後は並ぶ人の数が目に見えて増えたのです。

ドムドムが洋服？　初めてのアパレルコラボ

SNSで話題になることで、さらなるイベントやコラボのお声がけに結びついていきました。ビギグループのブランド『FRAPBOIS（フラボア）』さんからもコラボの打診をいただきました。

社内では「ハンバーガー屋が洋服を作ってどうするの」と断るべきだと考える人が大多数でした。確かにロゴの取り扱いや商標権など、企業として管理が必要な部分もあります。仕事が増えてしまうということです。

でも、私はその先にある消費者へのブランド認知拡大を想像し、「絶対やるべき！」と強い思いを持って説得しました。ドムドムハンバーガーのブランドキャラクターである「どむぞうくん」などが大胆にアレンジされたデザイン案も素晴らしくて、何より自分で

『FRAPBOIS』とのコラボ商品。胸のハンバーガーが可愛い

も欲しいと思えるほど、商品としてとても魅力的だったのです。若い世代に人気のブランドとコラボすることで、50年続くブランドに新しい風を起こすことができると考えました。

正式にコラボが決定すると、提案を受けていたTシャツやワンピースやニット、キャップや靴下などのファッション小物、スマートフォンケースなどのグッズのデザインを詰めていきました。遊び心のあるデザインは、ドムドムハンバーガーの目指す価値観ともマッチして素敵な商品になりました。

実務では私のアパレルショップの経験が活きました。企画から素材の選定、サンプル確認など、仕事の流れがわかっているのでやりとりもスムーズです。素材の名称や業界の専門用語もわかりますので、打ち合わせ時にコンセンサスも取りやすい。何よりもアパレルの仕事が好きなので、複数回にわたる綿密な相談や確認も、楽しくて苦になりません。

そういう意味でも、私が社長に就任してやるべき仕事のひとつだったと自負しています。

『FRAPBOIS』シリーズは19年夏に発売されました。ドムドムハンバーガー始まって以来のアパレルコラボです。ネットメディアなどでも話題にしていただき、売上も好調でした。こちらからお願いした訳ではないのに、芸能人の方が着てくださったりして、既存のファンの方とは違う世代、違う客層へアピールできたと思います。

アパレルやグッズ関係のコラボはその後もいくつか実施していますが、これからも機会があれば積極的にやっていきたいと思います。

ついに誕生！『丸ごと‼カニバーガー』

新メニューについては、定期的に発売することができていました。ただ、大ヒットに至る商品は生まれていません。訴求力のある商品を打ち出したい思いはずっと持っていました。そんななか思いついたのは、魚介のバーガーを作りたいということです。

ファストフードの魚介バーガーというと、大抵スクエア型の白身魚フライを挟んだフィッシュバーガーかエビバーガーがほとんどです。そこで、これは社長就任前ですが、鯖の竜田揚げを挟んだ『ドムフィッシュバーガー　鯖タツタ』（18年1月発売）と、バンズからはみ出るぐらい大きなアジフライの『ドムフィッシュバーガー　アジフライ』（18年4

インパクト十分の『はみでる！アジフライバーガー』

月発売）を作りました。概ね好評でしたが大ヒットには至りませんでした。

これらを経て、ドムドムならではの魚介バーガーに再チャレンジしたいと思っていました。そんな時に商品開発を担当する浅田（裕介）さんから「ソフトシェルクラブ（脱皮したての軟らかいカニ）を使ってみてはどうでしょうか」と提案されたのです。聞いた私は二つ返事で「やってみて。やってみたい！」とGOサイン。「チリソースが合うんじゃないの？」と提案することも忘れませんでした。

出来上がってきたサンプルを試食して「とても良い商品！　これはぜひ商品化したい」と思いました。試作は決定まで何回か繰り返すことも少なくないのですが、こちらに関しては一発ＯＫでした。

しかし、役員会で承認を得る段階になると、やはりインパクトの強すぎる見た目と、原価率を鑑みた想定価格がどうしてもドムドムハンバーガーのメニューとしてはふさわしくないという判断で、商品化は困難という意見が多数を占めました。

ただ私は、見た目のインパクトに印象が引っ張られがちではあるものの、味は何度も食べたくなるほどだと自信がありました。よく奇抜さをねらったメニューで一度食べたら十分というものもありますよね。でもこれは、一度食べたらクセになる美味しさだと思ったのです。

確かに原価を考えると、一般的なハンバーガーの価格帯には収まらないでしょう。レストランでもソフトシェルクラブを使ったメニューはそれなりの価格になります。でも、価格に見合う顧客満足が提供できるのであれば、費用対効果で消費者の理解は得られると考えました。

見た目のシュールさも、間違いなく話題になるだろうと確信していました。バンズからはみ出るほどのカニが丸ごと一匹挟んであること自体、インパクトが強いと思いますが、さらに楽しいオマケが付いてくるのです。

付いてくるのは、よくお子様ランチで見かける、爪楊枝を使った小さな旗です。それをカニさんに持たせて写真も撮れますよというのが浅田さんの提案でした。SNS効果も狙った、プラスアルファの顧客体験を提供する新しい試みです。

イベント先行販売で成功を確信

正式に商品化が決定した『丸ごと!!カニバーガー』を19年9月に『DOMDOM in 六本木』というイベントで先行販売しました。

このイベントは、学生時代の先輩が経営していたイタリアンレストランが閉店し、「テナント契約が11月末に切れるまで、好きに使っても良いですよ」と言われて思いついたものです。私もちょくちょく訪れていた素敵なレストランだったので、ぜひイベントをやらせて欲しいとお願いしたのです。

9月に2日間、日本生まれのドムドムハンバーガーによる4種の高級バーガーとアルコールを楽しめるイベントを「Born in JAPAN」のコンセプトのもと、開催（好評のため、10月にも3日間、追加開催）。「高級バーガーをドムドムがやってみたら」をテーマにして準備しました。合わせて『FRAPBOIS』さんのコラボグッズを飾り、ドムドムハンバーガーを堪能できる空間に仕立てました。大人のお客様を意識して、メニューも写真ではなくイラストで起こしました。

その時に提供したのは『肉味バーガー』『醤油バーガー』『肉味噌バーガー』の3種の和牛プレミアムバーガーと、先行販売の『丸ごと!!カニバーガー』、およびサイドメニュー類でした。

『丸ごと!!カニバーガー』はオリジナルバンズを使い、オリジナルピクルスと人参きんぴら、北海道ポテトを添えて税込1280円で提供しました。こちらもSNSですごく話題にしていただいて、正式発売後の成功を確信したのでした。

鍵を握るのは店舗でのオペレーション

『丸ごと!!カニバーガー』は冷凍で納品されたソフトシェルクラブを水で解凍し、水分を十分に切った後で、配合が決められた粉をつけて揚げます。決して難しい調理ではありませんが、焼いたり揚げたりするだけで完結する調理が多い通常のファストフードショップでは、あまり行わない調理です。『手作り厚焼きたまごバーガー』もそうでしたが、やはり普通ではないことに挑戦するのがドムドムの精神だと思います。

確かにファストフード店はアルバイトスタッフも多く、あまり思い切ったことはできません。少し複雑なオペレーションが生じた場合、重要なのは本部と現場との信頼関係が構築されているかどうかだと思います。

本部から「これが新しいメニューです。作ってください」と言われても「いや、無理だよ。美味しく作れないよ」と突っぱねられてしまう可能性もあります。レシピを確認して店長クラスはできたとしても、現場のアルバイトスタッフには高校生もいます。調理に不慣れな、そんな子たちにも周知していくのは簡単ではありません。

本部の意向を正しく理解し、実行してくださる現場のスタッフには感謝しかありません。

正式発売で、大ヒット！

『丸ごと‼カニバーガー』は19年10月に正式に発売され、大好評を以て迎えられました。SNSで話題になり、ショップにはお客様が並び、売り切れ続出。旗を持ったカニさんのバーガーはタイムラインでもたくさん見かけました。

2か月半〜3か月分の在庫を用意しましたが、1か月ぐらいで売り切ってしまい大ヒット商品となったのです。単価が高いので、お店の売上自体を120〜150％底上げしてくれたのもありがたかったです。

価格は税込990円に設定しました。一般的に飲食店では原価率は30％が目安です。『丸ごと‼カニバーガー』はそれよりも高い状態。しかし売価が1000円を超えると、ファストフードショップのメニューとしては手に取りにくくなってしまうのでそれ以上上げられません。でも売価が高いぶん、粗利も他メニューより大きくなります。そこで吸収

大ヒットとなった『丸ごと!!カニバーガー』

できるのかなと判断しました。

販売終了後も再販のご要望を多くいただき、20年9月、「浅草花やしき店」オープンに合わせて再販売。さらに予想を超えた売れ行きとなりました。

「浅草花やしき店」のオープニングには私も立ち会いました。プレオープンの日、売上は良かったのですが、出だしの集客は期待していた数よりも低かったのです。そこで商品開発の浅田さんがツイッターに『丸ごと!!カニバーガー』の調理手順を写真4枚を添えて投稿しました。

するとすごい勢いで拡散されて、「いい

ね！」が何万もつく反応がありました。そこからはお客様が文字通り「ダーッと」押し寄せて。結局、前回発売時に1か月で売った分を1週間で売り切ったのです。

その後も全店で売れ続けて、販売期間の延長を繰り返しました。ドムドムハンバーガーといえば『丸ごと‼カニバーガー』という方も増えたのではないでしょうか。

21年5月にいったん販売期間を終了しましたが、またいつか販売したいと考えています。

第6章

愛されるブランドの作り方

――ドムドムの逆襲――

次々と生まれたユニークなコラボ企画

コロナ禍での最近は難しい状態ですが、イベントへの出店もいずれ復活していきたいと思っています。

20年にネットメディア『TABI LABO』さんにシリーズ企画を連載していただいて、その記事の総決算として、東京・池尻大橋で2月に1日限定イベントを開催しました。

前日から雨の予報。客足が鈍ることを心配していました。それでもお客様が寒い中並ぶことを想定して、使い捨てカイロを用意し当日を迎えました。

寒い雨の中、11時のオープンなのに9時から行列ができるような大盛況で、完売メニュー続出。ここまで盛り上がるとは予測していなかったので、びっくりしました。近辺にはドムドムのショップはありませんから、久しぶりに食べる方、そして初めて食べる方も多かったようです。

イベントの準備は、通常の業務にプラスされるいわゆる〝差し込み案件〟です。備品や食材の準備・設営、なれない場所での調理等、大変でした。でもドムドムの味を楽しんでくださる皆さんの笑顔と、『FRAPBOIS』さんのTシャツとキャップを着て新しいことに楽しくチャレンジしているスタッフの姿に、やってよかったという思いでいっぱいでした。

このようなイベントに参加するたびに「うちってこういうブランドなんだな」とわかってきたように感じました。その時の反応を目の当たりにして、お客様がどんなことを面白いと思ってくださるのか、何を求めているのかが見えてくるのです。

ユニークなバーガーを発売するたびに、それを面白がっていただいて、反響があって。このブランドが持つ底知れぬポテンシャルを感じます。

20年秋に『BEAMS』さんとコラボしたのも印象的でした。「ジャンルを超えて絶え間なく個性の創造に邁進する」という『BEAMS』さんの理念と「新しいことに果敢にチャレンジする」というドムドムハンバーガーの理念を化学反応させて「面白い商品ができるはず！」と確信し、お受けしました。

『バケツポテト』や『手作り厚焼きたまごバーガー』を大胆にあしらったキャッチーな商品になって、ドムドムハンバーガーの新しい魅力が引き出せました。こちらもネットメデ

『BEAMS』とのコラボ商品。どむぞうくんが可愛い

ィアなどでご紹介いただき大きな反響を受けました。

現在、新たなコラボ企画が進行中です。これも先方からお話をいただきました。バッグからステッカーまでいろいろなグッズを販売する予定で、私も毎回、楽しみながら打ち合わせをしています。約30種類のアイテムでコーナーを作っていただき、販売する予定です。近々リリースしますので楽しみにしていてくださいね。

今までの50年、これからの50年

少しずつですが、業績が上がってきて、20年1店、21年3店（予定）と新店の開業も再開し、ドムドムハンバーガーが新たなフェーズに移ったと感じています。

私も兼任していたSV職を自ら離れて、20年3月より代表取締役専任となりました。代表就任後、約1年半かけて、どのようにブランドを作り上げていけば良いのか自問自答を繰り返し、考えがまとまった時点で専任になりました。

一番に思ったのは「今まで50年ブランドを守ってきてくれた方々、そして今ドムドムをなんとかしようと応援してくれる方々によって、ブランドは守られ、作られている」ということでした。

企業がブランドを「こう売り出します」と打ち出していくことは、ビジネスの理想形としては正しいのかもしれません。でもドムドムハンバーガーには、お仕着せの方法で、事業構築のマニュアル通りにブランドづくりをすることはできないと感じました。

皆さんが守り作ってくださったブランドだからです。

スタッフだけではなく、お客様も含めて、その人生に寄り添うような形でブランドづくりをしていきたい。そして今までの50年間つないでいただいたものを、この先の50年につないでいきたいと思ったのです。

ドムドムハンバーガーはオレンジフードコートさんより譲り受けたブランドです。オレンジフードコートさんはドムドムとディッパーダンという2つのブランドを持っていました。でもドムドムは、手放されました。

ドムドムは企業にとって必要のないものとされてしまいましたが、今こうしてイベントなどをすると「ドムドム頑張れ」と応援してくださる人がたくさんいます。

そうです。ドムドムはお客様に愛されているブランドなのです。

スタッフのために作ったマスクを販売したら大ヒット

20年はマスクも広く話題にしていただきました。もともとは、従業員を守りたいという一心から始まりました。

20年は創業50周年を迎えてイベント参加を2つ予定していました。4月の『ニコニコ超会議』と5月の『浅草花やしき』さんとのコラボイベントです（その後、どちらも開催内容変更または中止で参加せず）。

そこでイベント会場などで、記念グッズを販売しようと企画し、打ち合わせのために浅草のグッズ製作会社を訪れました。すでに新型コロナウイルスが日本で流行り始めていて、担当の方が、自社のタグがついたマスクをしていらしたんです。見た途端「それ良いですね！　うちのも作ってください」とお願いしたのです。

というのも、緊急事態宣言下で休業するショップも多いなか、ドムドムハンバーガーはスーパーマーケット内のテナントも多く、大部分が営業を続けていたのです。当時は日本中でマスクが不足している状況。会社としてスタッフを守るのは最重要事項です。とりあえず各店舗に布マスクを配布していましたが、毎日使うものなので、さらに送る必要がありました。

話は即まとまって、5月中旬に、各店舗にどむぞうくんのマークの入ったマスクを配布しました。そして当時品薄だったマスクをお客様にもお分けしようと、若干数をレジ横で1枚350円で販売したのです。

実は赤字価格でしたが、お客様にマスクをしていただくことは、結果的に従業員を守ることでもあります。社会貢献の意味もあって価格を決めました。従業員のためにしたことなので、新商品扱いはせずに特に告知はしませんでした。

でも販売初日に購入いただいたお客様が、「かわいい!」とツイッターに投稿。すごい

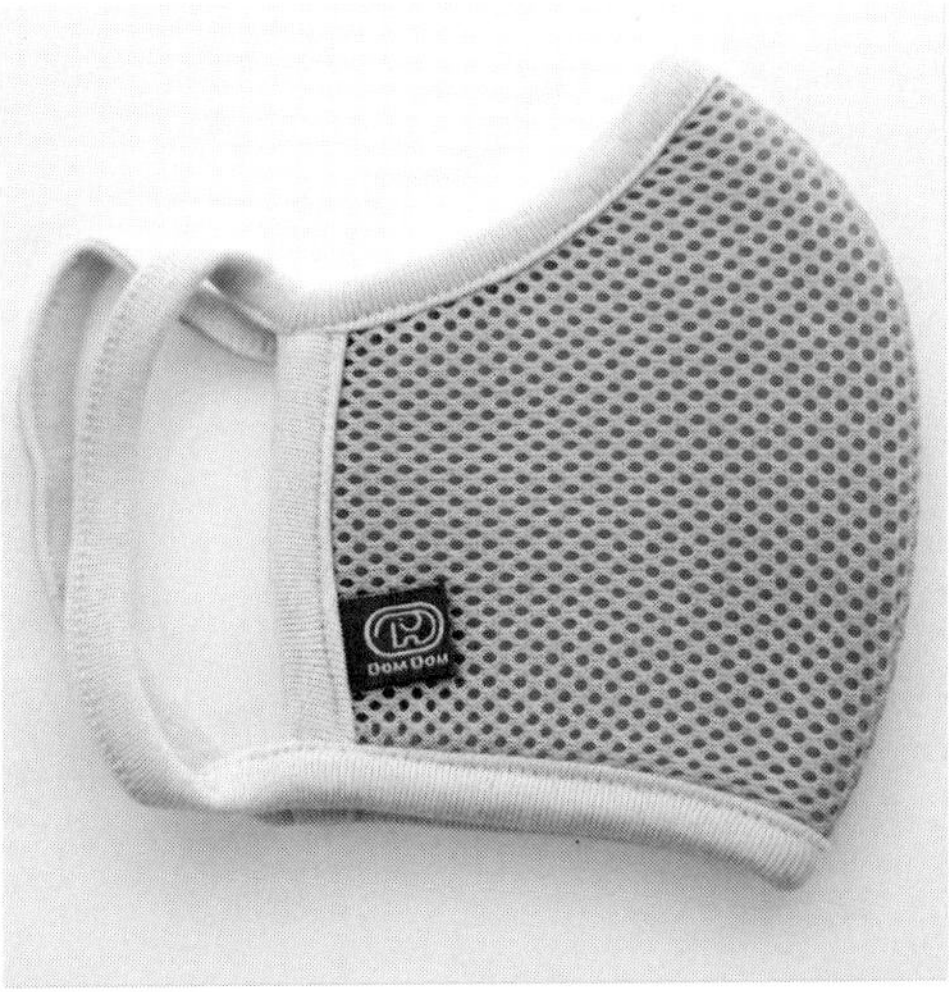

意外なヒット商品となった『洗えるメッシュマスク』

速さで拡散され、「いいね！」が5万5000ほど付いて、店舗に人が押し寄せてしまったのです。時短営業や、スタッフを減らして営業していた店舗は対応しきれず、混乱が生じました。

私はその様子を見て、即、販売の中止を決定しました。感染予防のためのマスクを販売したことで店舗が密になっては本末転倒です。急いでECショップの企画を立ち上げ、10日後にはサイトをオープンしました。すると品不足のなかやっとの思いで用意したマスクは、たった1分で完売してしまったのです。

その後、マスクは別の素材のものなども開発して、現在も生産が追いつかないほどの大ヒット商品となりました。おかげさまで、計15万枚ほど出ています（21年4月現在）。

日本一古い遊園地で店舗をオープンした理由

20年5月に『浅草花やしき』さんでコラボイベントをする計画がありました。もともと交流があって、ドムドムハンバーガーが50周年ということでイベント企画が浮上し、前年の冬から打ち合わせを開始し、詰めている状態でした。

でも、新型コロナウイルス感染症の流行が収まらず、4月に中止が決定してしまったのです。その後、インバウンドが激減して、観光地から人がいなくなってしまったというニュースを観て、心を痛めていました。

そんなおり『浅草花やしき』さんから「期間限定ではなく常設のテナントとして出店しませんか」とお話をいただいたのです。

50周年を迎えてドムドムの経営状態が良くなってきていて、コロナ禍にもかかわらず、売上は落ちていませんでした。そろそろ新店舗をオープンさせる時期に来ているのではと

浅草花やしき店のオープンには長蛇の列が

感じていたところだったのです。

コロナ禍で元気のなくなってしまった浅草を元気にしたい。「観光地が元気になるよ！」と全国に発信して、ひいては日本を元気にしたいと思いました。社会的意義が高く、チャレンジする価値を感じたのです。

会社としても17年から18年の2月にかけて3店出店したきり、ニューオープンはなしという状態。コロナ禍の中での久々の明るいニュースは、スタッフの皆さんにも元気を与えられると確信しました。そこには、新店をオープンさせるということと、ドムドムが新店をオープンさせられるだけ経営的に復活したという、二重の喜びがあるのです。

日本一古いハンバーガーショップが、日本一古い遊園地で新しいお店をオープンさせるなんて面白いですよね。オープン時には、嬉しい出来事もありました。『丸ごと!!カニバーガー』が前代未聞の売上を記録したことは、前章でご説明した通りです。

象つながりで出店した「市原ぞうの国店」

そして20年6月、嬉しいことに『市原ぞうの国』さんからも「21年3月にリニューアルオープンするのでぜひテナント出店してください」と象つながりでお声がけをいただきました。

レジャー施設内のテナントという意味では『浅草花やしき』さんも同じですが、実は浅草花やしき店は園内と園外、どちらからも購入が可能です。遊園地に入園しなくてもドムドムハンバーガーを購入することができるのです。

いっぽう『市原ぞうの国』さんは入園料がかかる園内のテナントで、アクセスも便利だとはいえません。休日と平日の入園者数も違います。そういった店舗としての条件の悪さ

『市原ぞうの国店』オープン時に象の前で

が、売上にも影響する可能性は十分ありました。役員会でも「コロナ禍に観光地へ出店しても、採算が取れないのではないか」という意見も出ました。少しだけ悩みましたが、やはり出店する意義を強く感じたのです。

視察に訪れると、立地は『エレファントスプラッシュ』の前のフードコート。間近で大迫力の象さんの水浴びが見られる一等地です。目をキラキラさせて喜ぶ子どもの姿が目に浮かびました。その子の手にどむぞうくんのドムドムハンバーガーがあれば素敵だなと思ったのです。

動物園のあり方には賛否両論ありますが、

お子さんが実際に動物に触れて、その結果どうとらえるのかはその子次第だと思います。お子さんの感受性に任せる。そうやって感性を育てる方法もあると思うのです。

象を見て、すごく喜ぶお子さんもいれば、泣き出すお子さんもいます。きっと大人になるまで忘れない体験となるでしょう。人間目線で申し訳ないのですが、子どもたちの健全な育成にはとても良い経験だと思います。

そこで一緒に、安心安全などどむぞうくんのハンバーガーを体験してくれたら、これほど嬉しいことはないと感じました。きっと大人になっても、象さんとどむぞうくんを覚えていてくれるでしょう。これも社会的意義が高いと思い、出店を決意したのです。

そして21年3月に無事オープンとなりました。大変嬉しいことに、予想を大きく裏切って、「市原ぞうの国店」にはたくさんのお客様がいらしてくださっています。コロナ禍ですし、お客様がいなくてスタッフが手持ち無沙汰になったらどうしようと心配していたのに、逆にお客様が多すぎてスタッフが足りていない状況です。

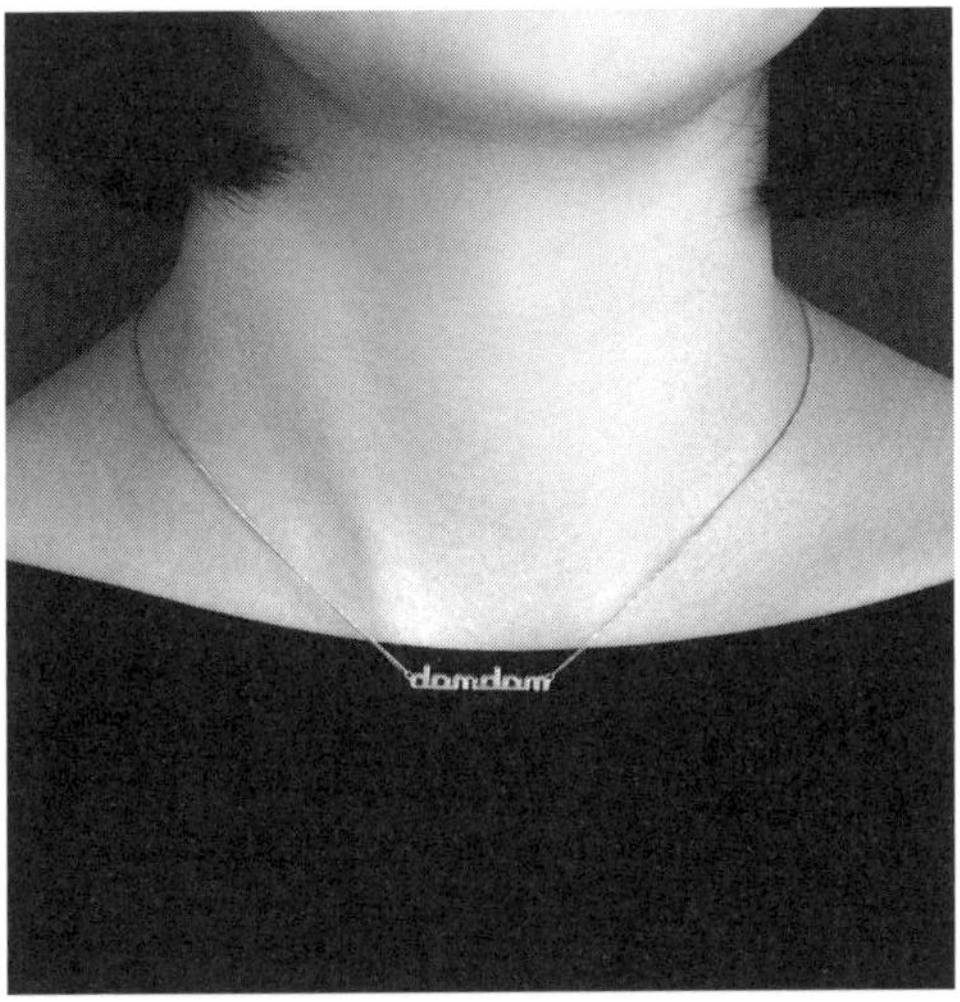

私物だったドムドムのネックレスだがTV出演時に話題になり商品化

ドムドムネックレス誕生秘話

21年の1月、テレビ朝日さんの『激レアさんを連れてきた。』に出演した後、私がつけていたネックレスがSNSで話題になりました。小さな文字で「domdom」と書いてあるのですが、よく見なければわかりません。皆さんの観察力に大変驚きました。

あのネックレスは、会社として作っているものではなく、私の私物です。ある時、表参道のサロンで髪を整えてもらった帰りに『スパイラル』さんにふらりと立ち寄りました。そこでアクセサリー作家さんの期間限定ショップをやっていたのです。好きな文字を組み合わせて、自分だけのオリジナルアクセサリーがオーダーできます。シンプルで品が良くて、ひとめで気に入りました。

それが20年7月のことでした。私の誕生日もちょうど7月です。「じゃあ、自分への誕生日プレゼントにオーダーしてみよう。私のドムドム愛へのプレゼント」と注文してみました。大文字だと〝いかにも〟感が出てしまうので、小文字でさり気なく。

出来上がって受け取りに行くと、書体も可愛くて、日常づかいにもぴったりです。気に入って愛用しています。

このネックレスは「発売してください」というご要望を多くいただいていて、この春にECサイトで販売開始しました。私が作家さんをSNSなどでご紹介しても良かったのですが、作家さんに「あとはよろしく」と押し付けるのも失礼です。ご本人にも相談して、正式に会社として商談させていただき、商品化が決定しました。

まさかそんなことになるとは思わなかったので、自分が買った時の箱などは、すべて処分してしまっていました。最初は作家さんの連絡先がわからなくて『スパイラル』さんに問い合わせたら、親身になって探してくださって、作家さんの連絡先を教えてくださいま

ドムドムハンバーガーのシンボル、『どむぞうくん』のロゴ

した。皆様の優しさに助けられています。

謎多き愛されキャラクター『どむぞうくん』

最近コラボなどでも可愛がっていただいている現在のどむぞうくんは、運営会社が替わった際にリニューアルされたものです。実はどむぞうくんは70年の創業以来、何回かリニューアルされています。

なぜ象なのかというと、象が大衆に最も愛された動物だということで、キャラクターに採用となったといわれています。初代のどむぞうくんはどなたがデザインしたのか、いつ、誰が名付けたのかもわかっていません。

ドムドムの創業の地は東京都町田市のショッピングセンターの1階テナントだと記録に残っていますが、1号店の写真もなく、どんな店だったかわからないのです。さらにいうと創業年はわかっていますが、何月にオープンしたのかもわかりません。

今のところ有力なのは2月と5月説です。誰にも正解がわからないので、創業記念日が言えなくて、「20年〇月〇日創立50周年を迎えた」ではなく「20年が創立50周年」という表現しかできません。

ドムドムハンバーガーは70年にダイエーが始めた日本で初めてのハンバーガーブランドです。でもその後、運営会社が二転三転しているので、当時の資料も散逸してしまったのだと思います。もし何か情報をお持ちの方がいらっしゃったら、ぜひお知らせください。

ありがたいことですが、最近新聞や雑誌、ネットメディア、TVなどで取り上げていただくことが増えました。そのことで、もちろんドムドムハンバーガーが皆様に認知されるのは嬉しいことですが、もうひとつ期待していることがあります。

それは、スタッフのモチベーション向上です。ドムドムハンバーガーがTVで紹介されていたり、私がネットでインタビューされているのを見て「私はこのショップで働いているんだよ！」と、ドムドムで働いていることに、誇りや喜びを感じて欲しい。それが、より質の高い接客につながっていけば良いなと思っています。

店舗を見てみると、まだ「うちの接客はすごいですよ！」と言えるところまでは行き着いていません。ただ、最近スタッフが精神的な部分で少し変わってきたのかなと感じていて、これからが楽しみです。スタッフに感謝をしつつも、しっかり改善すべきことをクリアにして、よりホスピタリティーを感じていただける店にしていきたいと思っています。

絶滅危惧種を救おうという「顧客体験」

SNSで〝バズった〟り、イベントに長蛇の列ができたり、全国にわずか27店舗しかないドムドムハンバーガーが大きな話題を呼んでいることに疑問を感じる方もいらっしゃるかもしれません。私もしばらく不思議に思っていました。

しばらく「なぜなのだろう?」と考えていて気がついたことがあります。ドムドムハンバーガーは生まれて51年です。最盛期の90年代には全国に400店舗ほどありました。創業から最盛期にかけて子ども時代を過ごした人が、今、ちょうど社会で決定権を持つ年代になっているのだと思うのです。

その方々がTVやネットなどで露出が多くなったドムドムハンバーガーや、どむぞうくんを見かけて「子どもの頃、家族(友達)と行ったな」と懐かしく思ってくださっているのではないでしょうか。

そして「昔より店舗数が減ってしまったけど、なんだか頑張っているな」と、愛着を感じてくださる。あるいは「絶滅危惧種を救おう!」と応援するつもりでお店に来てくださったり、商談を持ちかけてくださったりするのではないかと想像するのです。「救える!」という思いが、アクションとうまく合致したのが、ドムドムハンバーガーを取り巻く今の状況なのでしょう。

ドムドムは、そんな世代の郷愁・愛着・期待に支えられているのだと思っています。実際に「小さい頃に食べていました! 最近ネットで見るのでコラボがやりたくなって」とお声がけいただいたケースもあります。

幸せなことに、社長に就任して今までやってきたコラボや新店オープンについては、ほぼ全て先方からお話をいただいて実現したものです。このご縁に感謝して、頑張っていきたいと思います。

そしてメディアに露出している今のドムドムハンバーガーに触れた、新しい世代のファンが生まれて、広い世代に愛されるブランドになれば良いなと、期待しています。

昨今のマーケティング手法は「O2O（Online to Offline）」から「OMO（Online Merges with Offline）」に移行していると言われています。まさに「ドムドムハンバーガーという絶滅危惧種をみんなで救おう！」というムーブメントが良質な顧客体験であり、結果、私どもとお客様とのより良い関係（win-win）が築かれているのだと思っています。

お客様の期待を裏切らない店づくり

入社して3年半。いろいろな現場に立たせていただきましたが、未だに慣れないのが

「売り切れ、完売」です。新店オープン初日や、イベント、コロナ禍でのマスクなど何度も売り切れの瞬間に立ち会いました。楽しみにしてお店や会場に来ていただいたのに「売り切れです」と言われてしまった時のお客様の表情を見ていると、本当に本当に胸が痛くなってしまいます。

マスクは流通量自体が少なかったですし、イベントは持ち込む量も決まっていたりするため仕方がない面もあるのですが、通常の店舗での品切れは極力避けるべきだと思っています。

天候や行事によって、売上を予測するのは難しいことです。ましてや、売上規模の小さな店舗ばかりのドムドムにとって、ある日突然来る「バズリ」に対応するため日頃から通常の3倍の商材をストックするのは至難の業です。店舗を筋肉質にすると先に書きましたが、利益の出る店舗づくりもそのひとつです。原価率のコントロールは最も重要なポイントで、就任以来改善を重ねて今を迎えていますから、なおさらなのです。

でもお客様お一人お一人にとって、こちらの都合は全く関係ない訳ですから、改善しなければなりません。現場を担当するメンバー、営業企画のメンバー、広報のメンバーが垣根なく最新のドムドム情報を共有し、プロとして、全店舗で品切れのない店づくりを目指したいと思っています。品切れは楽しみにして来てくださった、お客様の期待を裏切ってしまうことなのですから。

同じ理由で、たとえお客様が来ないような暇な日でも、店舗で決まっている閉店時間より早く店じまいするのはやめてくださいとお願いしています。直営店では営業時間が決められているためそのようなことはありませんが、フランチャイズ店だとオーナーさんの判断で閉めてしまうこともないとは言い切れません。

でも仕事が終わって、閉店時間の5分前に急いで駆けつけてくださるお客様がいるかもしれません。それなのにお店側が「今日はお客さん来ないから良いかな」と早めに閉店していたら、悲しいですよ。やはりその点でも、お客様の期待を裏切らないドムドムハンバーガーでありたいと思っています。

そして何より、昔からの常連のお客様プラス、メディアの影響から日に日に増えている新しいお客様に、必ず美味しいハンバーガーを提供したいと思っています。

毎月発売される期間限定商品は、ありがたいことに毎回メディアでご紹介いただいていますす。スタッフにとってグランドメニューのように作り慣れてはいないメニューです。

バンズの代わりにチーズで挟んだ『丸ごとカマンベールバーガー』

『丸ごと!!カニバーガー』や『丸ごとカマンベールバーガー』等、変わった調理工程も多々あります。それでも、その商品を目当てにお越しくださるお客様に最高のハンバーガーを提供しなくては、期待を裏切ってしまいます。

お客様に笑顔でお帰りいただけるように、心を込めて調理してもらうよう、いつも話しています。

私の方こそ、お客様の美味しい笑顔に励まされているからかもしれませんね。

第 7 章

50年後も愛されたい

—— ドムドムの未来 ——

これからの〝意義ある〟新店舗展開

今後の出店計画ですが、21年はあと2店、東北と東京に7月に開店予定です。東北は宮城県のイオンモール新利府北館内のフードコートでの出店です。

ありがたいことに、このお話も先方からお声がけいただいたものです。うちのような小さなハンバーガーチェーンがイオンモールさんから声をかけていただくなんて、すごいことです。基本的にかかることはないと思っていたので、驚きましたし、光栄でした。

実は私にとって東北への出店は悲願でもありました。10年前、東日本大震災が起きた時、私はちょうど『そらき』をオープンしようと奮闘していました。介護もあって時間的にも経済的にも余裕がなかったので、被災された方々のために、何も行動に移すことができませんでした。あれからずっと心のどこかで後悔し、この気持ちを忘れてはいけないと思っていました。

ですから、震災から10年後の21年、宮城県のイオンモールさんからお声がけいただき大変ありがたく思いました。日本で生まれたドムドムハンバーガーを食べて、東北の皆さんに笑顔になっていただければと、3月に視察が予定されていましたが、それよりも前に結論を出してしまいました。

出店する際は、当たり前ですが、常に売上の予測を立てて、そこで利益が出るのか出ないのかが問われます。でも私は、社会的意義のある出店は、利益幅ばかりに着目せず出店を決めています。もちろん従業員の生活を守る必要がありますので、赤字は避けないといけません。

そういった意味で、『浅草花やしき』さんや『市原ぞうの国』さん、そして利府と、本当に良い出店をさせていただいたと思います。

新橋での新しいチャレンジ『ツリツリ』

ドムドムハンバーガーには現在、既存のオリジナル店舗と浅草花やしき店などの観光地の店舗があります。そこにこの夏から新しいラインが加わります。

東京・新橋に新しくオープンするのはプレミアムバーガーをメインに打ち出す新業態

『ツリーアンドツリーズ（TREE & TREE's）』です。

商品価格はハンバーガー類で1000円〜と、既存の店舗よりも高く設定。メインのバーガーはイベント『DOMDOM in 六本木』の時に提供した、和牛バーガーをアレンジしたものです。


イベント時のレシピは私が担当しました。というより、とてつもない差し込み案件でしたので、皆の通常業務の妨げにならないよう準備全般を受け持ったというイメージです。肝心の和牛バーガーレシピ、パティの配合やバンズ探し、メニューの構成やメニュー表の作成、仕入先の選定や仕入れ、会場の設営や備品の用意等、すべて楽しい作業でした。浅田さんにも試食してもらって「絶対これ美味しい！」と太鼓判をもらって販売しました。

「ツリツリ」でのバーガーも店舗で手切りをした和牛（100%）を塩胡椒《こしょう》と少量の水だけでパティにまとめ、米粉のバンズで挟んだスペシャルなメニューです。ポテトは十勝産マチルダポテトを採用しました。甘味が濃くしっとりとした食感の皮付きポテトは、試食会でも他を圧倒する美味しさで、幾らでも食べられると一発OKでした。アルコール類も提供しますので、仕事帰りにも立ち寄っていただけます。

六本木のイベントが好評だったのを受け、日本生まれのバーガーショップが、日本で食べられる究極のバーガーを楽しんでいただきたくて、心を込めて企画を立ち上げ、実現したショップです。

お店の名前は3本の木をイメージしてつけました。レンブラントの版画に「3本の木」という作品があります。この作品を見ていて、戦後の復興期に闇市だった新橋のイメージにリンクすると感じました。今は高層ビルが立ち並ぶ街、新橋で3つのこと（Three Things：美味しいフード・楽しいメニュー・優しいおもてなし）を3つの時間帯（Three Times：朝・昼・夜）で楽しんでくださいという意味があります。「ドムドム」に対して「ツリツリ」という愛称で呼んでいただければ嬉しいです。

ロゴのデザインには「ドムドムの歴史（根）を大切に、そして若葉が生い茂るように、新しいことにどんどんチャレンジして、葉を茂らせて（繁栄して）いこう」という意味が込められています。そしてその木々がハンバーガーをイメージした楕円形に収まっています。

21年7月にオープンする『TREE & TREE's』のロゴ

デザインは、109のショップのリニューアルからお世話になっているデザイナーさんにお願いしました。この方にお仕事をお願いすると、売上がグンと上がります。私にとってとても縁起が良い方なのです。

『ツリーアンドツリーズ（TREE & TREE's）』では、「ツリツリ」「ドムドム」のグッズも扱う予定です。皆さん、ぜひいらしてください。

大公開！ 新メニューの作り方

7月オープンの『ツリーアンドツリーズ』は新業態のため、全メニューが新メニューとなります。また、ドムドムハンバーガーは毎月新商品を発売しているので商品開発部は常に忙しい状態です。

通常、新メニューは商品企画会議で生まれます。そのため、商品開発部の浅田さんとは、定期的に会議を行っています。テストキッチンで試食をしながら新企画の提案・検討をしています。

例えば浅田さんがソースを「これ、どう思いますか」と会議に持って来たら、私はすぐに試食して「面白いね、これ、いいね！」とその場でジャッジします。

これが正式なルートですが、彼は名案を思いついたら、アポなしでも提案しに来てくれます。アポなしルートでも、私がその場で試食して、ジャッジすることに変わりはありません。

彼は〝奇才〟といわれるほど、アイデアがユニーク。今までも、ネギトロや納豆を挟んだり、なんと、のり弁を挟んだりしたこともありました。自分が「やりたい！」と思ったものは、何度却下しても、味や見た目を調整して再チャレンジしてきます。

バンズの代わりにランチパックで挟んだ『てりたまチキンとフレッシュ野菜サンド』

私も『丸ごと!!カニバーガー』のように「奇を衒《てら》っているのではなく、きちんと美味しい」と思ったらGOを出すようにしています。ドムドムはハンバーガー屋ですから、美味しいということは当たり前。お客様への最低限の約束です。死守すべき大前提なのです。

21年4月には期間限定メニューで、『てりたまチキンとフレッシュ野菜サンド』を提供しました。なんと、バンズの代わりにヤマザキさんの『ランチパック（たまご）』を使いました。こんがりトーストされたランチパック（たまご）で、ジューシーなグリルチキンと新鮮な野菜を挟むという前代未聞の商品です。でも本当に、美味しい商品です。浅田さんの発想には毎回驚かされます。

7月にオープンする新橋のお店は、既存店とは全く違うメニューを出すため、浅田さんもかなり試行錯誤しています。私も何度も試食しています。先日、朝にオフィスで「社長、ちょっと食べてもらえますか」と呼び止められて「チン！」という電子レンジの音がしたと思ったら、カレーの試食でした。「朝カレーをやりたいんです。カロリーが低くて軽くて、朝でも食べやすいです！」なんていう説明を受けました。そんな感じで、ちゃんと朝に、朝カレーが試食できました。

私が企画を承認すると、取締役会に向けて味付けやレシピなどを詰めていきます。前述したように、ドムドムには「これはいい！」と評価されてストックされている食材やソースのレシピの引き出しがありますので、そういったものも参考にしながら最終調整します。そして味がほぼ決まった段階で、最終的に取締役会、関係役員に試食してもらって、承認されたら発売決定という流れです。

新メニューの開発に1年ぐらいかけているところもあると聞きます。うちの場合はもっと短いスパンで、最短で発売まで3、4か月ということもあります。

この機動力はドムドムの強み。突然決まったイベント『DOMDOM in 六本木』の時も、レシピの引き出しを開けたり閉めたりして組み合わせ、短期間でベストな味を探りました。

SNSは重要な販促ツール

マスクの発売や「浅草花やしき店」のオープニングで、お客様に発信していただきSNSの威力を実感しました。今の飲食業界において、フェイスブックやインスタグラム、ツイッター、LINEなどに公式アカウントを持つのは当たり前になりました。YouTubeやTikTokを上手に運用している個人店の方もいらっしゃいます。

SNSが重要な販促ツールであることは間違いないでしょう。しかし何度か「バズリ」というものを体験し、それは企業側のお仕着せではないと感じています。一人の消費者の自然な感覚が他者に共感されるのです。

それらを理解した上で、公式アカウントでは社内の担当者が、新商品の告知等を行っています。投稿する原稿について、今はほとんどノータッチです。ただ、作家さんのネックレスを発売する際は、値段も高かったため、お客様に誤解を与えないように、商業的な雰囲気にならないように、事前に「こんな表現でお願いします」と伝えました。

私個人のアカウントは、例えば、新商品を実際に食べてみて、率直な感想を自分の言葉で伝えるためのものです。「市原ぞうの国店」がオープンしますと公式のアカウントが告知をします。それに対して、私が行って感じたこと、美味しかったことなどを伝えたりしました。社長として、ドムドムのファンとして自分の言葉でドムドムの魅力が伝わるようにと工夫しています。

私の投稿に反応をいただいたり、ドムドムに関して投稿していただいて気づいた時には、お返事をしたり、引用RTをしたり、「いいね！」をつけたりして、反応を心がけるようにしています。SNSでもドムドムを愛してくださる方への心遣いはできるのです。それは店舗でお客様をおもてなしするのと同じことだと思っています。

Twitterに「激レアさんでドムドムの社長がつけていたネックレスはdomdomのようですが、知っている方がいたら教えてください」との投稿がありました。私が「はい！

domdomです」と返信したのがネックレス販売のきっかけです。全く意図せぬ一言が「バズリ」を生み出し、仕事の可能性を広げたのです。

アプリで目指すより良い社会づくり

現在（21年6月）、ドムドムハンバーガーにはスマートフォン向けのアプリがありません。ご要望をいただくこともあるので、ぜひかたちにしたいと開発中です。

もちろん基本的な機能は備えたいと思っていますが、後発ですし、新しいことにもチャレンジしたいと考えています。

例えば、ひとつは利用者の方が意思を持ってアクションできる機能です。メニューを投稿したりできたら面白いかもしれない。それから、ドネーション機能もつけてみたい。ドムドムハンバーガーを食べたついでに、いくらかを被災地や青少年の育成に関わる団体などに寄付できるといった、気軽にアクションできる社会貢献の仕組みをお客様と一緒につくってみたいと考えています。

豊かさを共有できる社会は素敵です。そんなプラスαの顧客体験を提供できるアプリを目指してスタッフと開発に勤しむ毎日です。

社長になってやめたこと、変えたいこと

社長に専念することになってやめたことがあります。それは店舗スタッフとしてお店に立つことです。社長就任後もＳＶを兼任していたため、人員の管理は業務のひとつでした。店舗でスタッフが足りなくなった場合、店に立つことはあったのです。

社長専任になってからも「浅草花やしき店」や「市原ぞうの国店」のオープニングには駆けつけましたが、さすがに厨房やカウンターには入りません。もし何かトラブルがあったときに、最終責任者として全うしなければならないことがある立場だからです。

また、店のなかでお客様に対応していると、気になるオペレーションをつい指摘しそうになります。しかし店舗運営はＳＶや営業部長が責任を持って担当している仕事です。そ

こに私が出ていくべきではないと思います。社長が直接現場に口を出したら、きっと現場も萎縮してしまいますよね。

一方で考えているのは、人事制度の改革です。ドムドムを譲り受けて以降、人事制度は元の会社のものをそのまま引き継いでいました。

長い歴史のある会社なので、個人の現状評価ではなく、蓄積された評価を重視する制度を運用してきました。社員の評価が等しくできていない状況だったのです。例えば同じ職務内容でも、年齢によって格差がある。そうなると、実力があって結果を出し、頑張っている若手がやりきれません。モチベーションも下がるでしょう。

そのようなことについては、きちんと是正ができるシステムに変えていこうと思っています。すぐには無理なので、何年かかけて変えていく予定です。

ただし、年長者を敬う社風は忘れてはならないと思っています。

手紙に込めた社員への思い

ＳＶ職から離れた今でも、月１回ぐらいの割合で店舗に手紙を送ります。手紙といってもうちはアルバイト店員が多いので、店長さん宛てに手紙をメールで送り、それをプリントアウトして、お店に貼ってもらっています。手紙は私専用のどむぞうくんがついた便箋を使っています。

20年にマスクを送った時は、各店舗に手書きの手紙を添えました。コロナ禍での現状を労い、それでもお客様のために心を尽くして欲しいというようなことを書きました。

決算の数字が出た後は、その都度、数字の報告もします。売上がアップすることは現場のスタッフの努力の結果でもあります。結果が出ると誰でも嬉しいし、さらなるモチベーションのアップにつながりますからね。

そして最後には必ず皆さんへのお礼を添えるようにしています。

打ち合わせや会議、ちょっとしたことでスタッフと直接やり取りする時も、相手を大切にするように接しています。こちらが相手を大切に思うことで、相手の意見をきちんと聞く姿勢が生まれます。どんな意見・提案を聞いても初めから否定してしまうようなことはありません。否定から入ると、そこで終わってしまい何も生まれませんからね。

社員から届いたメールには必ず返信を送ります。たとえ社内50人宛ての情報共有のメールであってもです。一人ひとりが様々な部署で、会社を支えてくれていることに感謝をしているからです。そして、一人ひとりが自分の仕事に自信を持って頑張ってほしいと思っています。

一方、違うと感じた時は、その人が大切だからこそ、そのことを丁寧に真剣に伝えるようにしています。有耶無耶《うやむや》は良くありません。

「100店舗を目指す」とはいわない理由

ドムドムハンバーガーには、事業継承後、100店舗に増やすことを目標に掲げていた時期がありました。でも私には100店舗という考え方はありません。店舗数はお客様にはあまり関係がないからです。お客様を第一に考える以上、意識すること自体が不思議なのです。それよりも「出店して欲しい」と声をかけてくださるところに出て行きたい。ありがたいことにそういうお声を多くいただくようになりました。

求められていることに応えられる企業になりたいという思いはあります。厚木店のオープン時に感じた、会社としてまだ筋肉質になれていない、足腰が弱い、という状態はだいぶ改善されてきたと感じています。

この3年ほどで会社の状況はかなり改善され、経営状態も良くなってきました。会社として、足元が強くなってきたのです。今の状況であれば、年に2～3店舗ずつはオープンしていけると感じています。

コロナ禍でも念願の黒字化を達成

20年はコロナ禍で、多くの店舗が時短営業や休業を余儀なくされました。

そんななか、ドムドムは21年3月期決算で売上前年比109%という結果が出ました。売上高自体は98%台後半でしたが、そこにECサイトなどで好調な物販の売上をプラスしての数字です。

20～21年にかけてオープンした新店の営業成績も好調で、今回の結果に寄与していると言えるでしょう。

路面店が少ないドムドムハンバーガーではデリバリーはほとんど行っていません。4月には2店舗が休業し、時短営業も多数ありました。それも含めて非常に良い結果だと思っています。

コロナ禍では飲食業界が大きな影響を受けましたが、そんななか出店した「浅草花やしき店」「市原ぞうの国店」は好調ですし、再販した『丸ごと!!カニバーガー』は全店の売上を大きく底上げしてくれました。小さい会社ならではの臨機応変な機動力を活かして、その時々の状況を分析し、前に進めた結果なのだと思っています。

しかしこの先のことは誰にも予測できません。事業において目標や予測を立てることは必須です。しかし、どんなに優秀なビジネスマンでも、最新のＡＩでも、このコロナ禍を予測できませんでした。

データを集めて精査し、マーケティングするというのが、今のビジネスの在り方。それが根本から揺らいでしまったのです。こんな時こそ、それぞれの企業が、溢れ出す不確定な情報に惑わされず、平時に持つ思い（経営理念・経営指針）に基づいた意思決定・課題解決をすべきではないでしょうか。

3年を費やし導き出した答えが、「お客様が愛し続け50年守ってくださったドムドムハンバーガーのブランドを育む。そのブランドは、スタッフ・消費者の人生に寄り添い、並走し、共感・共存することで構築する」です。その経営指針を基に「美味しいこと。楽しいこと。お客様を笑顔にすること」を実践していきたいと思います。

私は、「数字ではなく〝人への思い〟こそ、ビジネスにおいては大切」だと思っています。

豊かさが飽和した社会でやるべきこと

最近、ＳＤＧｓ（Sustainable Development Goals・持続可能な開発目標）という言葉が盛んに使われるようになりました。飲食業界でも、皆さんさまざまな取り組みをしていると思います。

世界全体が〝成長するだけで良い〟時代ではなくなってきたのです。

日本の経済は停滞していると言いますが、私の考えは少し違っています。停滞というよりは「もうこんなものなんじゃないかな」という、経済成長の限界点あたりまで到達しているような気がしています。

貧富の差は確かにあるかもしれませんが、日本では多くの人が大概のものを持っていて「今の生活で充分」という状況ではないでしょうか。そういうところまで、日本経済は来ているのだと思います。

コロナ禍になって、皆さん、生き方などを見直して〝モノではなく心〟にこそ価値があるという風潮になってきたように思います。

もちろん会社として、従業員の生活を守ることは大前提です。利益を出さなかったら会社失格です。利益が出るからこそ、消費者の方に喜んでいただける施策も実現できるのです。例えば「イベントをやってほしい」と皆さんに求められても、会社の体力がなければ開催することはできません。

慈善事業ではありませんから、利益を出すことは最低限必要です。しかし、〝ただ成長すればいい〟という時代は、もう終わっているように思います。

ＳＤＧｓが叫ばれるようになり、本当によかったと思っています。窮屈に感じている人もいるかもしれません。ですが、この言葉が出てきて、新しくできることも増えたという面もあると思います。

50年後も愛されるブランドでありたい

飲食業界の片隅を担うハンバーガーチェーンとして、店舗運営において具体的にＳＤＧｓに取り組むことも重要だと思っています。

地球温暖化防止対策として、レジ袋はバイオマス製のものを使っています。そのほか改善できる点は、順次変えていきたいと検討中です。

販売価格やお客様、店舗の立地との関係上、従来のドムドムハンバーガーでは難しいことを「ツリツリ」では実行しようと考えています。ストローの廃止、店内飲食は食器の使用、ポットを持参した方への値引き等々、考察を重ねています。

取材などで会社として5年後、10年後のビジョンを聞かれることも多くなりました。難しい質問ですよね。私は5年、10年先の話ではなく、50年続いてきたものをさらに50年続けていくことが、会社としての目標だと思っています。50年後といえば創立100周年です。その時も人々に愛されているブランドでありたいと願います。

中・短期的な目標ですが、ドムドムの場合はどんどん変わっていきます。20年にECを立ち上げてマスク販売を始めたのだって、やろうと思ってから10日後には開始していました。

この調子だと、5年後どころか1か月後のこともわかりませんよね。マスク販売をする、ましてや大ヒット商品になるなんて、社員の誰も予想していなかったです。なので、あまり先のことは考えずに、会社の理念にのっとり、何をやっていけるのかを柔軟に見つけていくのが私どものスタイルです。

例えば、20年の年初に「100店舗目指します」と掲げたとしても、このコロナ禍では絶対無理でしたよね。今の時代に合うのは、その時々にスピーディに対応して、スタッフとお客様に寄り添うような経営をすることだと思っています。

その積み重ねとして、この先50年も愛されるブランドでありたいと思います。

私が思う「社長の資質」

最近、取材などで〝社長の資質〟を問われることも増えました。これは、難しくて自分でも良くわかりません。ただ、ひとつだけ言えることがあります。

思い当たるとすれば、それは「夢中になれる」ことです。

私は少女時代や主婦時代も含めて、与えられた環境で自分がするべきことに一つひとつしっかりと向き合って、夢中でやってきました。何かに夢中になれる体質なのだと思います。

夢中になれば、いろいろなことが見えてきます。世界の解像度が上がり、気づきが増えます。109のショップ時代はカーテンを自分で縫って模様替えをしました。『そらき』

ではアイスペールを竹素材のものにして、お客様により美味しく感じていただけるようにしました。誰に言われたわけではなく、自分でそうしたくてたまらなかったのです。

今の時代では褒められたことではないかもしれませんが、私は年中無休で働きたくなってしまうのです。

常に不安で発展途上というのも、私がここまで来た理由のひとつだと思っています。不安なので満足感がなくて、次のアクションをいつも考えています。

『そらき』も、1店目が満席で入店を断り続けているうちに、もしかしてもう誰も来てくれなくなってしまうかもと不安になって、隣に2店目をオープンしました。

ドムドムに入ってからも決算の数字を聞いて「今のままでいい」とは思えなくて、意見の言える立場にして欲しいと願いました。いつまでも満足感のない発展途上の状態です。80歳ぐらいになったら落ち着くのでしょうか。

そのほかに私に何か資質があるとしたら、それは「人の心を思う」ことです。相手が何を望んでいるのかを察することです。これは少女時代から身につけ、夫からも学んだことです。そういった意味では私のスタイルは、ずっと一貫していると思います。社長になったからといって特に変わったことはありません。

女性経営者として女性の社会進出についてもよく聞かれるのですが、私自身は社会に出て「女性だから」という理由で何か不本意な思いをしたことはありません。でも今、これだけ聞かれるということは、悩まれている方や不便を感じている方が多いのでしょう。

そういった方に私の経験を伝えたりして力になりたいと思うことはあります。私にも年齢を経て、経験から人に伝えられるものがあるはずです。上を目指す若い女性に何かアドバイスしたりできれば良いなと感じています。

ただ、私にとって「女性が社会で活躍する」の定義は一般と異なるかもしれません。幼い頃から線が細く、か弱かった妹は、専業主婦として夫の海外赴任に数回同行し、3人の子どもを立派に育てています。私の憧れでもあります。

このように企業で活躍するのも、家のなかで活躍するのもフィールドが違うだけで同じことです。介護や主婦業、子育てに携わることも立派な活躍です。そのことも皆さんにお伝えしたいのです。

私は大学で経営や経済について学んだ経験がありません。でも、主婦業をする中で「人を思いやること」という資質は育てられました。アパレルショップや居酒屋の店長を務めることで、実地の経営を学びました。

大学で学ぶことが全てではありません。主婦でも、小さなお店の店長でも、学べることはたくさんあります。性別や学歴に囚われることなく、自信を持って歩んでいただきたいと思います。

与えられた環境が学ぶフィールドに変化し、私は育てられました。

与えられた環境、目の前にあるものを、しっかり見つめて下さい。今の自分にできることと、学べることがたくさんあるはずです。

そして、体験してみてください。それが経験となって力や自信に変わります。

経験に勝る資産はないのです。

おわりに

最後までお付き合いいただき、読者の皆様に心から御礼申し上げます。

読者の皆様に、この本から何かを感じ取っていただけましたなら、これ以上の喜びはございません。


「これまでの稀有《けう》な人生経験を本にしてみませんか」とお話をいただいた時、「私のような者でいいんですか」と思わず言ってしまいました。

経営者として人に誇れる経歴もスキルも持たない私に、なぜお声がけいただいたのか。果たしてこの書が皆様のお心に届くのか不安に思ったのです。


「これまで与えられた仕事に一生懸命向き合い、頑張ってきたから今があると思うよ。ためらう必要はないでしょ」という息子の言葉に後押しされ、丁寧に心を込めてチャレンジすることが私らしいと思い、出版させていただくことにいたしました。

幼き時から今日までを振り返る作業は、忘れてしまった時々の感情を呼び起こし、不思議なことに新しい気づきを与えてくれました。それらはこれからの人生に役立っていきそうです。

私は今、人生に沢山の点を打つことが大事、その点一つひとつは全く関係性を持たず、それらが将来どんな役に立つかわからなくても、多くの経験を重ねていくことが大事であると思っています。


点と点がつながり、線になり、やがて面になる。そして立体になる。

私のこれまでの経験は、それぞれ全く異なる環境で得られた一つひとつの点です。

それらが今、線から面になり、立体になりつつあり、その立体は私の想像力と責任感を高め、ドムドムハンバーガーの再生に大きな影響を与えています。

人生には一時の無駄もないのです。


「日日是好日也」

苦しいその時も、楽しいその時も、その一瞬一瞬は私の生きる礎となりました。

コロナ禍で先の見えない不安な日々が続いておりますが、皆様が一日一日を大切に明るい未来に向かって歩まれますよう願っております。

51年間、ドムドムハンバーガーをお守りいただき、これからの50年の指針を示してくださいましたお客様。

ドムドムハンバーガーの再生に心を尽くす㈱ドムドムフードサービスの役員・社員・アルバイトの皆さん。

再生の道筋を示して下さった㈱レンブラントホールディングスの皆さん。

私を送り出してくれた小玉産業㈱の皆さんと『そらき』のお客様。

経営者としての素地を作ってくれた『MANA』の皆さん。

「忍が本を出す？」と笑い、心配してくれている友人たち。

私の人生を彩ってくださった全ての皆様。

この場をお借り致しまして、

「心から感謝を申し上げます」。

そして、私の稀有な人生を共に歩み、見守り、応援してくれる家族に。「ありがとう」。

最後になりましたが、人生を振り返る機会を与えてくださいました、ダイヤモンド社亀井史夫様、本書出版に携わっていただきました皆様に心から御礼申し上げます。

藤崎　忍

［著者］

藤﨑忍（ふじさき・しのぶ）

1966年生まれ。東京都出身。青山学院女子短期大学卒。政治家の妻になり、39歳まで専業主婦。しかし夫が病に倒れ、生活のために働き始める。最初はギャルブームの頃のSHIBUYA109のアパレル店長。若い店員とのコミュニケーションがうまく、また店頭ディスプレーのセンスも良く、店の売上は倍増。ところが経営方針の違いから経営者と対立し、退職。アルバイトでしのぐが、たまたま空き店舗を見つけ、居酒屋を開業。すると料理の美味しさや接客の良さで一躍人気店に。その腕を常連客に見込まれ、ドムドムのメニュー開発顧問に。『手作り厚焼きたまごバーガー』をヒットさせ、ドムドム入社。その後わずか9か月で社長に。『丸ごと‼カニバーガー』などが話題になり、ドムドムの業績は確実に回復している。テレビ朝日系『激レアさんを連れてきた。』出演で話題に。

ドムドムの逆襲

——39歳まで主婦だった私の「思いやり」経営戦略

2021年7月6日　第1刷発行

著　者——藤﨑忍

発行所——ダイヤモンド社

〒150-8409　東京都渋谷区神宮前6-12-17

https://www.diamond.co.jp/

電話／03･5778･7233（編集）　03･5778･7240（販売）

構成————内藤真左子

装丁･本文デザイン—八木麻祐子（ISSHIKI）

イラスト——松山朋未

撮影————ホンゴユウジ

DTP ————スタンドオフ

校正————鷗来堂

製作進行——ダイヤモンド・グラフィック社

印刷————新藤慶昌堂

製本————ブックアート

編集担当——亀井史夫

©2021 藤﨑忍

ISBN 978-4-478-11352-3

落丁・乱丁本はお手数ですが小社営業局宛にお送りください。送料小社負担にてお取替えいたします。但し、古書店で購入されたものについてはお取替えできません。

無断転載・複製を禁ず

Printed in Japan